82卷 第2辑 （2016年6月）

Volume 82 Number 2 June 2016

International Review of Administrative Sciences

国际行政科学评论

国际行政科学学会
中国人事科学研究院
编

中国人事出版社

图书在版编目(CIP)数据

国际行政科学评论. 82卷. 第2辑/国际行政科学学会，中国人事科学研究院编. —北京：中国人事出版社，2017

ISBN 978-7-5129-1145-1

Ⅰ.①国… Ⅱ.①国… ②中… Ⅲ.①行政学-文集 Ⅳ.①D035-53

中国版本图书馆CIP数据核字(2017)第031002号

中国人事出版社出版发行

（北京市惠新东街1号 邮政编码：100029）

*

保定市中画美凯印刷有限公司印刷装订 新华书店经销

787毫米×1092毫米 16开本 11印张 189千字

2017年2月第1版 2017年2月第1次印刷

定价：45.00元

读者服务部电话：(010) 64929211/64921644/84626437

营销部电话：(010) 64961894

出版社网址：http://www.class.com.cn

《国际行政科学评论（中文版）》学术委员会

International Review of Administrative Sciences (IRAS) is published in three different language editions – English, French and Chinese.

IRAS first appeared in 1927. It is the oldest public administration journal specifically focused on comparative and international topics. It is the official journal of the International Institute of Administrative Sciences (IIAS), the European Group of Public Administration (EGPA), the International Association of Schools and Institutes of Administration (IASIA).

Editorial Address: Books for review, should be submitted to the Managing Editor, Catherine Humblet, IIAS, rue Defacqz 1, Box 11, B-1000 Brussels, Belgium. (email:catherine. humblet@gmail.com). The opinions expressed in the Review are those of the individual author or authors, and not necessarily those of the International Institute of Administrative Sciences. French edition (same contents as the English edition) published by the IIAS, rue Defacqz 1, Box 11, B-1000 Brussels, Belgium. All queries about subscriptions to the French edition should be addressed to the IIAS. For manuscript submission information see htttp://iras.sagepub.com

The English edition of *International Review of Administrative Sciences* (ISSN 0020 8523; 1461 7226 [online]) is published by SAGE Publications, Los Angeles, London, New Delhi and Singapore, quarterly in March, June, September and December. Annual subscription (2016): Individual Rate (print only) £78/US$144; Combined Institutional Rate (print and electronic) £795/US$1473; Electronic only and print only subscriptions are available for institutions at a discounted rate. Note VAT is applicable at the appropriate local rate. Visit http://iras.sagepub.com for more details. Abstracts, table of contents and contents alerts are available on this site free of charge for all. SAGE Publications is a member of CrossRef. Student discounts, single issue rates are available from SAGE Publications, [email: subscription@sagepub.co.uk]; and in North America from SAGE Publications, 2455 Teller Road, Thousand Oaks, CA 91359, USA. Advertising rates may be obtained from advertising@sagepub.co.uk. Periodicals postage is paid at Rahway, NJ. POSTMASTER, send address corrections to *International Review of Administrative Sciences*, c/o Mercury Airfreight International Ltd, 365 Blair Road, Avenel, New Jersey 07001, USA.
Printed by Page Bros (Norwich) Ltd.

Abstracting and Indexing: Please visit http://iras.sagepub.com and click on the Abstracting/Indexing link to view a full list of databases in which this journal is indexed.

目　　录

IRAS

Volume 82，Number 2（June 2016）

国际行政科学评论

多层级体系中的制度影响评估:从比较视角思考权力下放的效果

萨比娜·库尔曼[①]　艾伦·威因伯格
Sabine Kuhlmann　Ellen Wayenberg
翻译:崔　玲　审校:穆　涵　王欣红

【摘　要】 多层级体系中制度改革的比较研究目前在全球的发展趋势是研究国家职能的下放。然而,有关这种分权所产生的影响,尤其是它对于中央以下的相关各级政府所产生的影响,我们却所知甚少。权力下放是如何影响地区和地方政府的?这些改革对于中央以下各层级还有意想不到的后果吗?如何才能解释这种现象?本文旨在提出一个概念框架,以便从一种比较与政策导向的视角,来评估权力下放对中央以下层级的影响。该框架意在概述权力下放的主要模式与模型、有关权力收/放影响的理论假设,以及全国各地评价和比较制度改革的相关做法。该框架还可以作为本期特刊中所有国别研究文章的分析准则和结构性基础。

对实践工作者的启示

权力下放改革之所以被批准,是因为它能为实现"善治"起到关键作

① 通信作者:
Sabine Kuhlmann, Potsdam University, Wirtschafts-und Sozialwissenschaftliche Fakultät, Lehrstuhl für Politikwissenschaft, Verwaltung und Organisation, August-Bebel-Str. 89, Haus 2, D-14482 Potsdam, Germany.
E-mail: Sabine.Kuhlmann@uni-potsdam.de

用。然而,还有另一个原因就是中央政府想把日益增多的职责下放给地方各级政府,使之超负荷工作,而这会导致地方次国家辖区内的绩效差异增加。在这种背景下,本文提供了一个从比较视角评估改革影响的概念框架。实践工作者可以运用该分析框架,为其权力下放的新策略或现行改革措施的必要调整提供决策支持。

【关键词】 行政改革;比较;协调;有效性;效率,影响评估;制度改革;地方政府

一、问题

最近,西欧刚经历了一波地方改革。多层级体系中制度改革的比较研究目前在全球的发展趋势是研究国家职能的下放(Denters and Rose,2005;Ongaro et al.,2010;Pollitt and Bouckaert,2004;Stoker,1991):

政治上的权力下放很时髦……可能除了民主制本身——很难想到还有什么别的宪法特征能够同时赢得比尔·克林顿与乔治·W.布什、纽特·金里奇与杰里·布朗、弗朗索瓦·密特朗与雅克·希拉克、埃内斯托·塞迪略与比森特·福克斯对政治对手们的称赞(Treisman,2007:1—2)。

然而,直到现在,大多数分析视角都过分偏重于对作为因变量的权力收/放政策进行调研。在改革动机、目标和主体、政策发展以及执行状况等方面,已经有了广泛的阐释(Goldsmith and Page,2010;Knoepfel,2009;Ongaro et al.,2010;Swianiewicz,2010)。而对于放权所产生的影响,尤其是对相关的地方各级政府所产生的影响,人们却所知甚少。权力下放是怎样影响地区和地方政府的?它们对后者的影响是完全符合计划和预期的吗?抑或,这些改革还给地方各层级带来了意想不到的后果吗?更重要的是,哪些因素能够解释它们对地方造成的影响?简言之,权力下放对系统的实际运转、制度现实以及地方与地区政府的绩效有什么样的影响?从这样的分析视角出发,本文把政府间背景下的制度改革视为自变量,其所产生的效果是需要调查研究的对象。

我们的研究分四步进行:首先,本文将利用有关制度理论,详尽阐述关于权力下放效果的一些基本假设。其次,我们将讨论相关文献中提出的有关权力下放的主要模型和模式。再次,我们运用评估文献和研究成果,对比较评价权力下放效果的分析维度进行概述。最后,我们将确定从理论上被认为会影响权力下放与绩效之间因果关系的因素,尤其是政策特性、国

别治理结构/地方政府体系(作为改革的“初始条件”;参见 Pollitt and Bouckaert,2011)以及外部环境因素(如财政压力)。

二、更好抑或更糟?关于权力下放效果的基本假设

一方面,近来大家都热衷于参与有关权力下放的国际讨论。在发展政治学的背景下,以及在发达国家,权力下放被批准,是因为它能为实现“善治”起到关键作用。它承诺使国家更贴近公民,增强公共服务提供的效率和有效性,并且还会改进问责和参与(相关综述参见 Treisman,2007:1—14)。改革者认为,在政府体系中自上而下地重新分配任务会对公共服务的提供产生重要影响。

另一方面,执行这些下放的国家任务,也可能使地方政府更加难以确定工作重点,并扰乱地方自治政府原有的任务规划。这使地方政府没有多少(财政上的)回旋余地,其自主权和自由裁量权也会受到严重威胁(参见 Holtkamp,2010)。在中央政府这一方,也想要将日益增加的职责下放给地方各级政府,使其超负荷工作。权力下放政策的另一个突出特点掩藏在权力自主原则的外表之下,就是将麻烦且高成本的公共职能转移给了地方政府。换言之,中央政府将职责和与这些被转移的职能相关的执行问题推卸给了地方各级政府(责任转嫁)。这种情况引发了合理性的批评:权力下放过程导致了地方各个次国家辖区内绩效差异增多,因为这样的效果在权力分散的相关机构和主体间逐渐强化了已有的差别。人们普遍认为,这导致了某种程度的负面影响,危及了生活条件平等性(等价/同等)和公共行政统一性的标准(参见 Ebinger,2010)。在这种背景下,某些国家开始实施权力再集中的新策略。

与前述乐观观点相反,在有关权力下放效果的相关文献中的一些研究结果和观点却极具争议性(参见 Andrews and De Vries,2007;Pollitt,2005;Treisman,2007:5)。根据有关欧洲国家权力下放和中央一地方政策制定方面的相关文献(Ashford,1982;Auby,2003;Baldersheim,2002;Bennett,1989;Bobbio,2005;De Vries,2007;Goldsmith and Page,2010;Mayntz,1997:87f.;Pollitt,2005;Schmidt,1990;Thoenig,2005;Wollmann,2008),以及我们从国别比较和具体政策视角对权力下放效果的研究(Bogumil and Kuhlmann,2010;Ebinger et al.,2010;Grohs et al.,2012;Kuhlmann,2008a,2008b,2009a,2009b,2009c,2010a,2010b,2010c,2011;Kuhlmann et al.,2011;Ongaro et al.,2010;Reiter et al.,2010;Richter and Kuhlmann,2010;Wayenberg,2006),我们发现了含有一定理论价值与一定经验价值的证据,可以证实权力下放的正面与负面效果。以有效性这

个维度为例,一方面,由于更加贴近公民和更加了解当地需求、服务目标和公民偏好,预计(公共服务)会有所改善(Mill,1991;Oates,1972)。另一方面,专业化程度更低和缺少专业技能也可能导致有效性降低(Segal,1997;Wagener,1969)。在效率、协调能力以及民主控制方面,人们也会看到,有关权力下放效果的理论假设与权力下放效果的评估之间是相当矛盾的(参见 Alesina and Spolarole,2003;Bardhan and Mookherjee,2006;Camões,2011;Dahl and Tufte,1973;Grohs et al.,2012;Oates,1972;Rodden,2002;Tiebout,1956;Tsebelis,2002;Wagener,1969;Weingast,1995;Wollmann,2006)。部分基于理论观点,部分基于经验证据,对于权力下放的正面和负面效果,我们都能找到支持依据。某些关键要素概览见表1。

表1　　权力下放的优缺点[a]

效果维度/指标	假定的正面效果	假定的负面效果
有效性: 法律素养;专业素养 顾客/用户取向;可用性	·贴近选民,对当地的了解提高了服务目标的精确度以及会更多考虑当地偏好(Mill,1991;Oates,1972) ·调整的灵活性和政策实验空间所带来的创新潜力	·劳动分工太少导致的专业知识和职业能力缺乏(Segal,1997;Wagener,1969) ·来自民选政治官员的压力限制了职业独立性
效率/经济: 资源节约;额外成本/成本降低;规模效益;组合收益	小单位之间竞争使效率提高(Oates,1972;Tiebout,1956)	·降低了"规模经济"并导致结构重复(Alesina and Spolarole,2003;Wagener,1969) ·开支增加损害中央政府("公用地悲剧";财政关系模式依赖)(Rodden,2002)
横向协调: 部际协调;协调过程中冲突强度;对问题解决的贡献	在分散的多功能辖区内的正向协调(Wollmann,2006)	当地对各自执行角色的认知失真
纵向协调: 转层级间协调;协调过程中冲突强度;对问题解决的贡献	·中央政府由强化的地方政府实现控制(Weingast,1995) ·由于有否决权的角色承担者数量增加,政策高度稳定(Tsebelis,2002)	·中央政府向地方"转移责任" ·收入责任与开支责任之间不一致(连贯性) ·国家服务与地方服务之间的多处衔接难以管理

续表

效果维度/指标	假定的正面效果	假定的负面效果
民主控制： 政治安排的范围；透明度/政治问责；决策问责；公民/用户参与	·贴近选民使参与和“公民意识增加”（Dahl and Tufte，1973） ·透明度和问责增加	·腐败和“拘捕”风险增加（Bardhan and Mookherjee，2006）
公平性： 绩效潜力/水平一致；公平待遇	灵活地适应地方的问题状况以及偏好	·执行能力差异引发了对生活条件平等性的怀疑 ·法律程序的差异导致法律的不确定性

注[a]：表1中所使用的这六个效果维度的理论推理与详细解释，参见下文。表1中所使用的这六个效果维度的理论来源与内在含义，参见下文。

资料来源：Adapted from Grohs et al.（2012）。

由于存在这些不同以及在某种程度上是明显相互矛盾的评价，有关研究得出结论认为，与其说是任务再分配的事实，不如说是改革的实际执行（参见 De Vries，2000：200；Treisman，2007：21－26），加上特定的政治形势（参见 De Vries，2000：200－201；Ostrom and Bish，1977）以及下放或上收的政策/任务的特征，导致了绩效差异（见下文）。

三、权力下放的模式

在相关的文献中，人们提出了各种区分权力下放模式的分类法。我们运用划分法将权力下放/分散分为四种主要类型，这种划分法还有各种变体和“子类型”（参见 Benz，2002：209；Kuhlmann et al.，2011；Wollmann，2006）：

1.政治放权，即国家职能完全转给地方行政机构。在这个过程中，民选的地方代表机构被赋予全权，以处理新任务的规划、融资以及管理。

2.行政放权，是一种更为温和的重塑政府间关系的方法。在这种情况下，对于被移交下来的职能，选举产生的地方委员会并没有自主的决策能力。虽然地方政府可以就组织和执行过程做出决定，但是在这些政策上它们扮演着“国家代理人”的角色。它们仍然要受到国家的严格监督和控制。

3.垂直分权，指将中央政府职能向地方上的国家执行机构或办事处移交，这些执行机构或办事处位于次国家/地方层级上，但是仍然属于国家/中央政府组织架构的一部分。

4.水平分权，意味着此前分配给地方政府机构的具体任务，与这些机构的责任组合分离开来，在同一层级上作为独立的行政职能［半自治的非政府组织("半官方机构")]被固定下来,并被置于(中央)政府直接领导之下(Skelcher,1998)。

然而,我们的方法并不意味着要在权力下放的类型、制度变迁以及绩效之间提出一个决定论关系假设。在所有四种权力下放的模式中,我们预计被纳入考虑范围的政策的性质具有重要意义。从公众与利益相关者的视角来看,各种政策的政治意义是不同的,所以就合法性的输入—输出标准而言,这些政策面临不同的要求(Scharpf,1999;进一步参见下文)。因此,服务提供职能直接影响当地公民,下放该职能,可能会对制度绩效产生更直接的正面影响。相比之下,诸如技术或环境职能,涵盖更广泛的地域范围并且可能产生巨大的"超地方性"影响,下放这些职能,对制度绩效产生的正面影响就不会那么直接。

四、制度改革的效果评价:分析维度与测量的问题

从公共政策的视角来看,权力下放可被视为是对多层级体系的功能设置与"制度逻辑"的故意干预。这种特殊类型的公共政策,也被称为"政治政策"(参见 Wollmann,2003:4),引发了特殊的控制问题。[1]因此,"政治政策"的评价——相比于("常态的")部门政策——其特点是具有更加复杂的分析结构(Kuhlmann and Wollmann,2011;Pollitt and Bouckaert,2003:12—14)。首先,必须要分析政治一行政系统内的变化(制度评估)。其次,必须考虑这些制度变迁在公共行政的有效性和绩效方面的重要性(绩效评估)。最后,必须考察在政治一行政系统之外更微小的影响(结果评估)。在以上改革评价三步骤中的每一步,干预因素的数量以及由此而来的因果关系问题趋向于增加。因此,要准确地把所观察到的变化归因于具体的改革措施(例如降低花费、增加就业等)就变得越来越难,将某个单独改革过程的效果完全分离出来通常是不可能的。除此之外,改革目标通常也不能被清晰地界定,而且各个具体目标相互矛盾(Boyne et al.,2003:13—15;Kuhlmann and Wollmann,2011;Pollitt and Bouckaert,2004:103—133)。此外,评估和绩效的量化会随着观点和对各利益相关者群体的隶属关系不同而变化(Boyne et al.,2003:14;Connolly et al.,1980;Enticott,2004)。

尽管有这些限制,但为了概括放权政策对地方政府的制度设置和绩效所产生的影响,人们还是提出了几个分析框架。为了能涵盖涉及放权的多个视角与绩效预期,运用多维度框架似乎是明智的。然而,如何选择制度改革评价的具体标准和维度并非易事。存在这样几种可能性,其中一种可能性是使用政策制定者自己给"改革成功"所下的定义,并测量改革目标(例如降低成本、提高质量等)实际实现(目标导向绩效比较)的程度。另一

种可能的方法是使用社会科学中的相关理论，以得到评价影响的维度和指标。在我们的概念框架中，我们首先以民主制的现代理论(Scharpf，1999)为基础，据此，制度改革的影响，可以通过测量输出合理化(有效性、效率)、输入合理化(民主控制、问责、透明性)以及工作量合理化(横向/纵向协调)(参见表2)等方面的变化来进行概念化。此外，地方实体之间在服务标准上(提高/降低)的不一致程度，也被纳入进来评价放权改革的影响。接下来，通过区分运营结果(资源、成本等)、专业与法律素养/能力、横向/纵向协调能力以及实际政治参与等方面，可以进一步提炼这些核心维度。我们从比较政策领域和地方政府研究中得出了这些更为具体的指标(Bogumil et al.，2007；Kuhlmann et al.，2011：29－42；Pollitt and Bouckaert，2004：98－99)，并认为这些指标是相关的，因为它们告诉我们，在输入/输出以及工作量的合理化方面实现了何种程度的变化。

表2　　与国家放权改革相关联的地方政府绩效的测量

绩效标准	可能的维度/指标
输出合法性 资源，成本，输出	支出，资源(人员、时间、资金)，节省开支 “产生的”输出 输入与输出之间的关系
专业与法律素养/目标的实现	专业素养，坚持政策性标准 法律的正确性，诉讼 贴近公民/用户取向/服务的能力 有效性/效率，目标群体规模
业务量合理化(协调与控制) 纵向与横向协调	跨部门协调 市内合作 层级间协调，摩擦损失 “自上而下的”控制/干预 “自下而上的”服从/颠覆/反对
输入合法性 民主控制	地方委员会的参与 公民参与；用户民主制、 对外透明度
制度与地区差异；绩效差别	

资料来源：Adapted from Kuhlmann and Wollmann(2011：490)。

五、解释权力下放的影响并分析权力下放的条件

比较改革评估的一个主要任务就是,要把不同政治－制度环境/国家和不同政策中有利于权力下放及其影响,以及有助于其随时间流逝而稳定下来的特殊条件过滤掉。在此,我们首先区分了国别因素(行政传统与地方政府体系)、具体政策因素(所下放任务的特点)、具体行为体因素以及外部压力(例如财政压力)。当然,所有的这些变量都相互作用并代表着解释改革的影响时要考虑的决定性因素的结构。不过,为了利于分析,在开始的时候,我们必须将它们分开,以确定其中每个因素将(在理论上)如何影响权力下放改革的结果。其次,我们要考察具体的变量集之间的关系,这是本期特刊刊发的一项国别分析任务。

(一)行政传统与地方政府体系

作为改革成功与否的影响因素,扎根于历史的制度结构与传承自过去的行政传统受到了重视。人们认为它们给不同政治与历史环境下的权力下放改革造成了显著影响。虽然外部压力可以导致趋同的(国际)改革话语,但是不同国家的实际执行措施和制度变革的速度与形式,一般来说是具体国家的政治、制度以及文化因素的产物。这个观点可以从概念上追溯到新历史制度主义,它强调过去的制度选择和路径依赖的重要性,人们认为正是过去的制度选择和路径依赖预先决定了下一步的制度发展(参见Immergut,1992;Krasner,1984;Steinmo et al.,1992)。根据这个理论观点,制度建设过程要受到既有制度安排的影响,既有的制度安排被视为是历史环境所具有的相对持久的特征,也是沿着一系列“路径”推动历史发展的核心要素之一。历史制度主义者认为,后来的政策选择主要是以“政策遗产”和政治行为体的认知图式为条件的,而这些“政策遗产”和政治行为体的认知图式都来源并扎根于过去。因此,历史制度主义者强调改革范围与“通道”的有限性,倡导更具渐进性而非大规模的制度改革。在这种背景下,制度发展可能呈现出许多与众不同的模型,它们都是由过去的制度选择和现存的政治与行政文化模式塑造的。

本期特刊所考察的五个国家[法国、德国、英国(英格兰地区)、比利时(弗兰德斯地区)以及瑞士]代表了各不相同的地方政府制度模式,这些制度模式在理论上被认为对改革过程和结果产生了影响。这些模式可以被视为西欧放权性制度建设和改革的典型案例。因此,这里的国别分析将考察指定的行政与地方政府体系对权力下放改革的影响。我们区分了三个分析维度(还可参见 Hesse and Sharpe,1991;Kuhlmann,2009a;Kuhlmann and Wollmann，2013）：

1. 功能属性，即地方实体机构所承担功能性职责的范围与重要性，这些职责来自地方与中央政府之间的功能纵向分配/融合（分割系统对融合系统；二元功能模式对一元功能模式）与财政自主权。地方政府体系可以按照以下标准来划分，即中央政府和地方自治政府是否分别地、基本上相互独立地履行其职责，或者各层级之间是否有强烈互动，从而导致国家职责与地方职责混在一起（Bennett，1989）。第一种行政类型可称为"分离主义模式"，它通常是英国（以及瑞典）行政传统的特征（参见 Bulpitt，1983）。相比之下，欧洲大陆国家的典型是"融合式体制"。其特征是，中央与自治政府的任务不是分开完成的，而是在行政上被整合在一起（"混合起来的"）。（20 世纪 80 年代早期实施权力下放之前）法国可被视为是"以国家为中心的整合主义模式"的原型，因为通过其地方办事处，国家权力机关有力地参与了地方政府任务的实施。相比之下，在德国和奥地利的地方政府传统中可以发现"以地方行政为中心的整合主义模式"。一个切实可行的地方政府功能分类，还可以基于功能性职责的范围与内容，以及地方政府在执行任务时所享有的自治程度（地方自主权）。例如，瑞典和瑞士地方政府的财政自主性就特别高，因为它们的资金大部分（分别是 64％和 59％）来源于自己的（所得）税收，同时，它们对地方税率有着重要影响。相比之下，在后撒切尔时代的英国，情况却正好相反（地方财政总收入中只有 13％是来自地方政府自己的税收）。在法国，地方政府自己的税收占地方总财政收入的比例为 45％，因此地方政府的财政自主权比德国（40％）或意大利（37％）的地方政府都高（OECD，2011）。在某些情况下，地方政府的实际力量和自主权会相当程度上偏离其正式/法定/宪法地位。因此，在许多国家，地方自治政府如今都享有宪法所规定的地位（德国、瑞典、法国、意大利）；然而，在某种程度上，其职责的实际范围是有限的（法国、意大利）。相反，在英国直到撒切尔时代，地方政府都没有宪法地位（现在仍然如此），但是却享有非常广泛的自主权并树立了职责范围宽泛的形象（这在后来受到了削弱）。在法律层面上，欧洲大陆和斯堪的纳维亚适用的是一般管辖原则，根据此原则，地方市政委员会（至少是形式上）对涉及地方共同体的所有事务负责。这与英国的超越权限原则形成鲜明对照，根据这个原则，地方政府只能履行那些议会法规明确授予它们的职责，这些职责可能随时被废除。然而，超越权限原则被 2000 年地方政府法规所削弱，并且日益向着典型的有着欧洲大陆地方政府传统的一般管辖原则看齐。

2. 地方属性，即当地政府的地方结构和相关的地方活力（北欧模式对南欧模式）。市级地方结构的标准与功能特征紧密相连，它似乎有理由被视为地方政府活力和业务能力的一个重要制度条件。根据诺顿（Norton，

1994)、巴尔德塞姆等人(Baldersheim et al.,1996)、约翰(John,2001:25—30)以及沃尔曼(Wollmann,2008)的观点,一方面,人们可以区分出所谓的“南欧类型”,其特点是有着众多小自治市的小规模地方政府结构,并不进行地方改革。另一方面,我们区分出所谓的“北欧类型”,其突出特点是广泛的地方改革导致了地域(以及人口)规模很大的自治市出现。“南欧类型”的例子尤其常见于欧洲大陆有着拿破仑时代传统的国家(法国、西班牙、意大利),而英国则是“北欧模式”的典范,这种模式还包括斯堪的纳维亚国家。相比之下,由欧洲大陆的联邦传统所塑造的国家,主要属于“南欧类型”[瑞士、奥地利以及德国的莱茵兰—普法尔茨州、巴登—符腾堡州、巴伐利亚州、石勒苏益格—霍尔斯坦州以及大多数东德各州(相比之下,北莱茵—威斯特伐利亚州与黑塞州则属于“北欧类型”)]。

3.政治属性,即地方民主的结构(代议制对直接民主)、地方议会与地方行政机关之间的关系(一元对二元)以及行政首长的选举程序(直接对间接)。为了详述地方政府的政治特征,地方上的公民民主决策权利、地方政府决策制定的(内部)制度安排及其政治—行政领导结构应该受到重视。在地方行政与地方议会之间的关系上尤其如此。就第一个标准而言,以代议民主制机构为主导的地方政府体系(通常有英国、1974年以来的瑞典、1990年以前的德国以及法国),可以与有着浓厚直接民主制要素——例如有约束力的地方全民公投——的地方政府体系(瑞士、1990年以来的德国各州、匈牙利、意大利、1974年以前的瑞典、奥地利、芬兰以及捷克共和国)区别开来。一元和二元体制可以根据后面的标准区分出来(Kuhlmann and Wollmann,2013)。在一元体制中,所有决策权力,包括“行政”指导和地方行政机关的控制,都掌握在选举产生的地方议会手中,或者更确切地说,掌握在按部门分工负责的议会委员会手中。因此,从比较视角来看,人们谈到政府时提的是委员会体制(英国、瑞典以及丹麦)。在这种体制下,通常不会出现“强势市长”,市长往往因为缺乏政治与行政领导能力以及行政机关的部门分化而受到批评。相比之下,在二元体制中,职责在行政领导/市长与立法机关/议会之间划分,地方执行机构被赋予独有的决策制定权(法国、德国、意大利、匈牙利、西班牙、葡萄牙、希腊以及波兰)(参见Heinelt and Hlepas,2006:33)。地方民主制的这种“强势市长”状态(Mouritzen and Svara,2002)由于市长的直选而在某些国家变得更加强势(德国、意大利以及匈牙利)(Wollmann,2009)。此外,地方政府政治权力的一个重要来源,可以在地方政治人物向政治—行政体系更高层级的进取过程中观察到。这种进取(Goldsmith and Page,2010;Page and Goldsmith,1987)可能源自身兼数职、客户—赞助人关系以及政治生涯的逻辑等南欧地方政府体制的典型特征(法国、意大利、希腊以及西班牙)。然而,这种进取可能会导致层级的混合,甚至是地方人物在国家中的"殖民地化"(像法国那种情况)。图 1 总结了比较地方政府体制的主要标准。

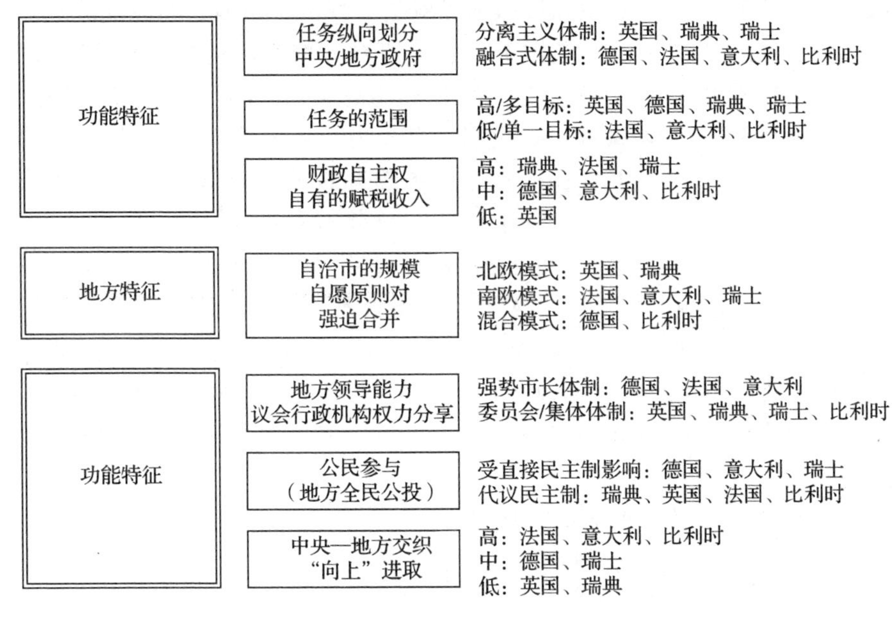

图 1 地方政府体制比较

资料来源:Adapted from Kuhlmann and Wollmann(2013:34,translation by the anthors)。

我们的假设是,某个地方政府体系的(功能、地域、政治)特性会影响权力下放的过程和效果。例如,一个国家/地区的中央与地方交织在一起的状况以及一种"融合式体制"所具有的特征,可能会阻碍现行的权力下放速度。归根结底,决策制定涉及的党派和利益越多,实际政策的出台就越慢,至少在理论上如此。同样,地方政府履行其广泛的功能性职责的经验,也可能影响权力下放的主导类型或系列的核心选择及其效果。将一项新职能移交给地方层级,也可能取决于自治市的地方活力,自治市担负着全部职责,与公民进行民主互动,并在行政上控制着一个庞大的科层机构。此外,在有着强势地方领导的强势市长体制下,比在集体体制下可能更容易有效地管理扩张性的地方任务组合。总之,我们认为,继承下来的地方政府体制和传统,为权力下放设定了总体框架,虽然其他因素也会起作用。

(二)权力下放政策的特征

我们认为,人们必须认识到政策的特征对改革的结果有着重要影响(Knoepfel,2009;Knoepfel et al.,2011;Ongaro et al.,2010)。我们假设,权力下放的实际效果与被移交下来的任务性质密切相连。一旦横向协调成为伴随着执行这些任务的一个重要方面,而规模经济特征变得不那么重要了,预计权力下放就不仅会成为转移责任的出口,还会实现真正的绩效提高。在这种背景下,政策领域的选择就会受到两方面因素的启发。一方面,我们选择那些在各国的确受到了权力下放战略影响的功能领域,以便研究它们的效果。为此,我们把一些(虽然不是全部)权力下放的优先领域纳入了研究范围,诸如法国和意大利的劳动力市场政策,英格兰和弗兰德斯的地方规划政策,以及德国的社会服务政策等。然而,不同的政策领域对所有被研究国家的权力下放/上收所产生的影响并不相同。此外,为了能涵盖那些在各国经历过重大改革战略的领域(如瑞士的安全政策),我们把政策选择的范围扩展到国家级/地区级的改革议程。

另一方面,本期特刊所涵盖的政策意味着将个人以及非个人物品的提供也纳入进来。更准确地说,我们对下述三类任务之间的差异感兴趣,这些任务的特性可以被认为塑造了权力下放与地方政府功能/绩效之间的因果关系。

- 提供给个人的服务(社会服务);
- 监管任务(安全政策);
- 有关空间规划的功能(城市规划)。

在论及政策特征对权力下放过程和结果的影响时,我们提出了数个假设。例如,如果当地人和当地机构能更好地理解这些问题的话,所面临问题的大小可能会迫使中央以下的层级去着手解决它们,通常在某个领域中的环境和社会经济问题就是如此。地方政府代表着所谓的"公共部门的日常面貌",因此,可能比中央政府更适于处理这些问题。如果需要,它可能会为此去发动公民参与,尤其是帮助那些受冷落的群体和居民参与,或者去创建关系网络以及与公众和/或私营伙伴之间的合作形式。相反,如果(认识到)地方层级缺少专业人员,政策性质的高度专业化就会妨碍权力下放,如果仍要实施,就会增加后者工作量并打消其积极性。在此背景下,本期特刊中所征集的稿件,将对被移交下来的政策与权力下放的结果二者之间的关系展开分析。

(三)外部压力与相关的行为主体

外部压力(尤其是财政压力)和相关的行为主体是本研究运用的重要解释因素。根据新制度经济学提出的假设,制度发展主要是外生影响塑造的,这导致了历史和政治背景都不同的国家却有着相似的政策反应。由于把制度改革视为谋求经济最优的过程,有着经济取向的制度主义(基于理性的)把制度效率奉为设计政治—行政制度的决定性标准(关于这点,参见Richter and Furubotn,1997;Schröter,2001)。外部压力假设在有关欧盟一体化研究、政策扩散与政策转移研究中得到了进一步加强（参见 Héritier et al.，2001），这些研究认为，国家改革活动在很大程度上是由外部压力和超国家的驱动力引发和助推的。因此，在权力下放改革方面，我们应该预料到，中央政府会在涉及地区和地方政府的内部组织中推动各种（后）新公共管理的发展措施。其中的一个措施就是，在引导和控制各级地方政府时，由以过程导向为主的方法转变为更具结果导向的方法。如今，这种趋势主要在所谓的法语国家群发挥影响力，因为北/中欧以及尤其是英语国家的地方政府已经经历这种“为结果埋单”的体制好多年了。当前，后者正在探索诸如框架分析、引导以及讲故事等新工具，这些新工具能够使中央对公众与/或私营主体以及地方关系网实施超级管理。这种发展措施不仅给予了地方层级更多的自主权，还赋予了它们更多的职责，并且有可能成为其他国家此类发展的先行者。人们还可以预料，外生环境因素之所以导致权力下放结果产生差异，是因为不同地区的社会经济与财政环境，如财政压力或危机，可能促使地方主体以更少资源执行移交下来的任务，其结果可能是牺牲服务质量。

另外，对于这种外部压力假设，反对的声音认为，制度选择不仅是外部压力促发的，也是在很大程度上取决于“内生”力量，特别是具体国家乃至具体城市的相关行为主体以及谋求权力的策略（参见 Crozier and Friedberg，1979）。在此，我们可以运用新制度主义中的行为主体导向的方法（Mayntz and Scharpf，1995；Ostrom et al.，1994；Scharpf，2000），认为制度建设必须被看作是制度选择的结果，这种选择是政治行为主体在特定的制度环境下做出的。按照这个思路，制度发展并非由抽象的经济最优化所决定，而是由政治行为主体的战略决策塑造的，政治行为主体谋求的是最大限度地实现基于某个优先功能的一系列目标。无论面临着怎样相似的外部压力，在不同的政治环境下，我们还是应该预期，权力下放受制于具体的相关行为主体和政治利益会有明显不同的轨道和结果。

六、结论与研究展望

对于欧洲各国功能重构的结果，本期特刊将会给出经验性观点和理论解释。因此，这是在寻求这样一个关键问题的答案——权力下放起到了“更好还是更糟的作用”。总体而言，我们认为伴随着权力下放改革的制度变迁，对任务的完成和服务提供的绩效产生了重要影响。然而，权力下放战略所带来的乐观期望，必须在经验证据面前接受质疑和检验，这正是本期特刊中所作分析的意义所在。这些分析旨在揭示，权力下放改革是否以及在何种情况下产生正面的/预期的或负面的/意想不到的效果、额外的成本和负担,抑或是改进与能力提高。

本文提出的概念框架,旨在为接下来的国别研究文章提供一个分析指南,并为权力下放改革的比较性评估指出主要的解释因素。后面的文章将会分析有关具体政策领域的改革运动,它们代表着各国制度变迁的典型案例,因此,这些文章会从总体上揭示出改革的关键特征。它们是按照以下维度/问题来谋篇布局的:

1. 权力下放的条件/对效果的解释——①行政传统与地方政府体制:某个制度环境/传统对于权力下放改革/效果的影响是什么?在何种程度上国家的/地方的政治—行政"起始条件"能够解释改革结果?②被移交下来的政策的特征:政策特征的解释力如何?权力下放在某些政策领域更为"成功"吗?但是在其他领域却不太成功,这是为什么?③外部压力和相关行为主体:外部压力和具体相关行为主体/利益相关者,在何种程度上以及如何影响权力下放改革/效果?

2. 权力下放的模式与改革的实施——国家/地区改革者们追求何种改革路径("政治放权"/"行政放权"/"权力分散",哪个会导致权力再集中等)?这些改革涉及重大的结构重组("巨变")或者只是渐进的变革?这些改革是如何实施的?通过建立共识的方式还是自上而下指示的方式?

3. 改革效果和结果——地方和功能重组的效果如何?绩效得到提高了吗?哪种改革方案被证明是最有效的?哪种改革引起的绩效变化更加显著?哪种改革几乎没有改变绩效,绩效变化表现在哪些方面(例如,有效性、效率、协调等)?权力下放会造成政策更加多样化吗?某些改革最终会导致权力再集中吗?为什么?

如上所述,本期特刊想要填补最近研究中以下方面的空白,即地方政府改革以及系统地评估其在政府间背景下所产生的效果。

资助

本研究未获得任何公共、商业或非营利部门资助机构的专项资助。

注释

[1]仅指出其中的部分内容:干预的主体和客体通常是相同的;主要的干预目标是政治—行政体制内部的变化;讨论可能比改革实践和真正实施更重要(参见 Jann,2001:330—331)。

作者简介

萨比娜·库尔曼(Sabine Kuhlmann),德国波茨坦大学政治、行政管理与组织学系教授。曾任斯佩耶尔大学比较公共行政学教授。自 2012 年 9 月以来，她担任公共行政学欧洲分会（EGPA）的副主席；自 2013 年开始，担任欧洲科学技术合作（COST）行动“地方公共部门改革”项目主持人；自 2011 年 9 月以来，担任德国联邦政府国家管控委员会委员。她的主要研究兴趣包括比较公共行政、公共部门改革、地方政府与评估。她的最新出版物有（与 Hellmut Wollmann 合著）《比较公共行政导论：欧洲的行政体系与改革》（Edward Elgar，2014）以及《竞争、合作或控制？欧洲地方政府基准比较研究》（与 Tim Jäkel 合著）（载《公共财经与管理》，2013）。

艾伦·威因伯格（Ellen Wayenberg），比利时根特大学政治与社会科学系教授。艾伦的研究领域是公共政策与公共行政，同时对多层级治理（MLG）、政府间关系（IGR）以及地方政府也特别感兴趣。她是公共行政学欧洲分会地区与地方政府研究小组的联合主席，联合主持过第四次欧洲与美国政府间关系的地位与多层级治理跨大西洋对话（4TAD）（2008），筹备过第九次重建城市治理能力跨大西洋对话（9TAD）（2013），积极参与了欧洲科学技术合作行动 IS1207：“地方公共部门改革：一次国际比较”（见 http://www.cost.eu/domains_actions/isch/Actions/IS1207）。她最新的出版物包括《弗兰德斯自上而下的城市—地区政策趋向》（载于《地方研究与实践》，2012），以及（与 B. De Peuter 和 V. Pattyn 合作）《地方政府的行政区划改革：弗兰德斯支持决策与争论的评价标准》（载《地方政府研究》，2011）。

参考文献

Alesina A and Spolarole E (2003) *The Size of Nations*. Cambridge: MIT Press.

Andrews C and De Vries M (2007) High expectations, varying outcomes: Decentralization and participation in Brazil, Japan, Russia, and Sweden. *International Review of Administrative Sciences* 73(3): 424–451.

Ashford D (1982) *British Dogmatism and French Pragmatism. Central–Local Policymaking in the Welfare State*. London: George Allen & Unwin.

Auby J (2003) La décentralisation: le modèle français en mutation. *Pouvoirs Locaux* 59(4): 37–41.

Baldersheim H (2002) Subsidiarity at work: Modes of multi-level governance in European countries. In: Caulfield J and Larsen H (eds) *Local Government at the Millennium*. Opladen: Leske und Budrich, pp. 203–212.

Baldersheim H, Illner M, Offerdal A, Rose LE and Swianiewicz P (eds) (1996) *Local Democracy and the Processes of Transformation in East-Central-Europe*. Oxford: Westview.

Bardhan P and Mookherjee D (2006) Decentralization, corruption and government accountability: An overview. In: Rose-Ackeman S (ed.) *International Handbook on the Economics of Corruption*. Cheltenham: Edward Elgar.

Bennett R (1989) *Territory and Administration in Europe*. London and New York: Pinter Publishers.

Benz A (2002) Die territoriale Dimension von Verwaltung. In: König K (ed.) *Deutsche Verwaltung an der Wende zum 21. Jahrhundert*. Baden-Baden: Nomos, pp. 207–228.

Bobbio L (2005) Italy: After the storm. In: Denters B and Rose L (eds) *Comparing Local Governance. Trends and Developments*. Houndmills: Palgrave Macmillan, pp. 29–46.

Bogumil J and Kuhlmann S (2010) *Kommunale Aufgabenwahrnehmung im Wandel: Kommunalisierung, Regionalisierung und Territorialreform in Deutschland und Europa*. Wiesbaden: VS-Verlag.

Bogumil J, Grohs S, Kuhlmann S, et al. (2007) *Zehn Jahre Neues Steuerungsmodell. Eine Bilanz kommunaler Verwaltungsmodernisierung*. Berlin: Edition Sigma.

Boyne G, Farrell C, Law J, et al. (2003) *Evaluating Public Management Reforms. Principles and Practice*. Buckingham: Open University Press.

Bulpitt J (1983) *Territory and Power in the United Kingdom: An Interpretation*. Manchester: Manchester University Press.

Camöes P (2011) Fiscal decentralization: A brief on theory and evidence. In: Ongaro E, Massey A, Holzer M, et al. (eds) *Policy, Performance and Management in Governance and Intergovernmental Relations – Transatlantic Perspectives*. Cheltenham: Edward Elgar, pp. 89–110.

Connolly T, Conlon E and Deutsch S (1980) Organizational effectiveness: A multiple constituency approach. *Academy of Management Review* 5: 211–217.

Crozier M and Friedberg E (1979) *Die Zwänge kollektiven Handelns. Über Macht und Organisation*. Königstein im Taunus: Äthenäum.

Dahl R and Tufte E (1973) *Size and Democracy*. Stanford, CA: Stanford University Press.

Denters B and Rose L (2005) *Comparing Local Governance: Trends and Developments*. New York: Palgrave Macmillan.

De Vries M (2000) The rise and fall of decentralization: A comparative analysis of arguments and practices in European countries. *European Journal of Political Research* 38: 193–224.

De Vries M (2007) The rise and fall of decentralization: A comparative analysis of arguments and practices in European countries. *European Journal of Political Research* 38: 193–224.

Ebinger F (2010) Aufgabenkommunalisierungen in den Ländern. Legitim – Erfolgreich – Gescheitert? In: Kuhlmann S and Bogumil J (eds) *Kommunale Aufgabenwahrnehmung im Wandel: Kommunalisierung, Regionalisierung und Territorialreform in Deutschland und Europa*. Wiesbaden: VS-Verlag, pp. 47–65.

Ebinger F, Grohs S, Kuhlmann S, et al. (2010) Institutional decentralization policies as multi-level governance strategies – Evaluating the impacts of decentralization in Western Europe. In: Holzer M, Massey A, Ongaro E, et al. (eds) *Policy, Performance and Management in Governance and Intergovernmental Relations – Transatlantic Perspectives*. Cheltenham: Edward Elgar, pp. 180–194.

Enticott G (2004) Multiple voices of modernization: Some methodological Implications. *Public Administration* 82: 743–756.

Goldsmith M and Page E (2010) *Changing Government Relations in Europe: From Localism to Intergovernmentalism*. London and New York: Routledge.

Grohs S, Bogumil J and Kuhlmann S (2012) Überforderung, Erosion oder Aufwertung der Kommunen in Europa? Eine Leistungsbilanz im westeuropäischen Vergleich. *dms* 2: 125–148.

Heinelt H and Hlepas N-K (2006) Typologies of local government systems. In: Bäck H, Heinelt H and Magnier A (eds) *The European Mayor*. Wiesbaden: VS Verlag für Sozialwissenschaften, pp. 21–42.

Héritier A, Kerwer D, Knill C, et al. (2001) *Differential Europe: The European Union Impact on National Policymaking*. Lanham: Rowman & Littlefield.

Hesse J and Sharpe L (1991) Local government in international perspective: Some comparative observations. In: Hesse J (ed.) *Local Government and Urban Affairs in International*

Perspective. Baden-Baden: Nomos, pp. 603–621.

Holtkamp L (2010) *Kommunale Haushaltspolitik bei leeren Kassen. Bestandsaufnahme, Konsolidierungsstrategien, Handlungsoptionen*. Berlin: Edition Sigma.

Immergut E (1992) The rules of the game: The logic of health policy-making in France, Switzerland, and Sweden. In: Steinmo S, Thelen K and Longstreth F (eds) *Structuring Politics: Historical Institutionalism in Comparative Analysis*. Cambridge: Cambridge University Press, pp. 57–89.

Jann W (2001) Verwaltungsreform als Verwaltungspolitik: Verwaltungsmodernisierung und Policy-Forschung. In: Schröter E (ed.) *Empirische Policy- und Verwaltungsforschung*. Lokale, nationale und internationale Perspektiven. Wiesbaden: VS Verlag für Sozialwissenschaften, pp. 321–344.

John P (2001) *Local Governance in Western Europe*. London: Sage Publications.

Knoepfel P (2009) *Réformes de politiques institutionnelles et action publique – Reformen institutioneller Politiken und Staatshandeln. Action publique 3*. Lausanne and Bern: PPUR/Haupt.

Knoepfel P, Larrue C, Varone F, et al. (2011) *Public Policy Analysis*. Bristol: The Policy Press.

Krasner S (1984) Approaches to the State. Alternative Conceptions and Historical Dynamics. *Comparative Politics* 16(2): 223–246.

Kuhlmann S (2008a) Dezentralisierung in Frankreich: Ende der unteilbaren Republik? *der moderne staat* 1: 201–220.

Kuhlmann S (2008b) La réforme des institutions politiques et administratives dans les collectivités locales allemandes: entre rupture et continuité. In: Marcou G and Wollmann H (eds) *La modernisation de la gestion des collectivités territoriales. Annuaire 2008 des Collectivités Locales*. Paris: CNRS Editions, pp. 189–207.

Kuhlmann S (2009a) *Politik- und Verwaltungsreform in Kontinentaleuropa. Subnationaler Institutionenwandel im deutsch-französischen Vergleich*. Baden-Baden: Nomos.

Kuhlmann S (2009b) Konvergenz lokaler Verwaltungsmodelle? Dezentralisierung im deutsch-französischen Vergleich. *Die Verwaltung* 42: 589–604.

Kuhlmann S (2009c) Analyse comparative de la décentralisation en France et en Allemagne. *Pouvoirs Locaux* 81(2): 81–85.

Kuhlmann S (2010a) Between the state and the market: Assessing impacts of local government reforms in Western Europe. *Lex localis – Journal of Local Self-government* 8(1): 1–21.

Kuhlmann S (2010b) Siegeszug der Territorialität? Dezentralisierungsprofile und -wirkungen in Westeuropa. In: Schimanke D (ed.) *Verwaltung und Raum – Zur Diskussion um Leistungsfähigkeit und Integrationsfunktion von Verwaltungseinheiten*. Wiesbaden: VS-Verlag, pp. 101–126.

Kuhlmann S (2010c) Vergleichende Verwaltungswissenschaft: Verwaltungssysteme, Verwaltungskulturen und Verwaltungsreformen in internationaler Perspektive. In: Lauth H-J (ed.) *Vergleichende Regierungslehre*. Wiesbaden: VS-Verlag, pp. 140–160.

Kuhlmann S (2011) Decentralization in France: The 'Jacobin' state stuck between continuity and transformation. *Croatian and Comparative Public Administration* 11(2): 311–336.

Kuhlmann S and Wollmann H (2011) The evaluation of institutional reforms at sub-national government levels: A still neglected research agenda. *Local Government Studies* 37: 479–494.

Kuhlmann S and Wollmann H (2013) *Verwaltung und Verwaltungsreformen in Europa: Einführung in die vergleichende Verwaltungswissenschaft*. Wiesbaden: VS-Verlag.

Kuhlmann S, Bogumil J, Ebinger F, et al. (2011) *Dezentralisierung des Staates in Europa. Auswirkungen auf die kommunale Aufgabenerfüllung in Deutschland, Frankreich und Großbritannien*. Wiesbaden: VS-Verlag.

Mayntz R (1997) *Soziologie der öffentlichen Verwaltung*. Heidelberg: C.F. Müller.

Mayntz R and Scharpf F (eds) (1995) *Gesellschaftliche Selbstregelung und politische*

Steuerung. Frankfurt am Main: Campus Verlag.

Mill J (1991 [1835]) Considerations on representative government. In: Gray J (ed.) *John Stuart Mill: On Liberty and Other Essays*. Oxford and New York: Oxford University Press, pp. 5–128.

Mouritzen PE and Svara JH (2002) *Leadership at the Apex. Politicians and Administrators in Western Local Governments*. Pittsburgh: University of Pittsburgh Press.

Oates W (1972) *Fiscal Federalism*. New York: Harcourt.

OECD (2011) *Economic Outlook*. (1 and 2) Paris.

Ongaro E, Massey A, Holzer M, et al. (eds) (2010) *Governance and Intergovernmental Relations in the European Union and the United States – Theoretical Perspectives*. Cheltenham: Edward Elgar.

Ostrom E, Gardner R and Walker J (1994) *Rules, Games, and Common-pool Resources*. Ann Arbor: University of Michigan Press.

Ostrom V and Bish R (1977) *Comparing Urban Delivery Systems: Structure and Performance*. Beverly Hills, CA, and London: Sage.

Page EC and Goldsmith M (eds) (1987) *Central and Local Government Relations. A Comparative Analysis of West European Unitary States*. London: Sage Publications.

Pollitt C (2005) Decentralization. In: Ferlie E, Lynn L and Pollitt C (eds) *The Oxford Handbook of Public Management*. Oxford: Oxford University Press, pp. 371–397.

Pollitt C and Bouckaert G (2003) Evaluating public management reforms: An international perspective. In: Wollmann H (ed.) *Evaluating in Public-sector Reform: Concepts and Practice in International Perspective*. Cheltenham: Edward Elgar, pp. 12–36.

Pollitt C and Bouckaert G (2004) *Public Management Reform: A Comparative Analysis*, 2nd edn. Oxford: Oxford University Press.

Pollitt C and Bouckaert G (2011) *Public Management Reform: A Comparative Analysis*, 3rd edn. Oxford: Oxford University Press.

Reiter R, Grohs S, Ebinger F, et al. (2010) Impacts of decentralization: The French experience in a comparative perspective. *French Politics* 8(2): 166–189.

Richter R and Furubotn E (1997) *Institutions and Economic Theory: The Contribution of the New Institutional Economics*. Ann Arbor: University of Michigan Press.

Richter P and Kuhlmann S (2010) Bessere Leistung mit weniger Ressourcen? Auswirkungen der Dezentralisierung am Beispiel der Versorgungsverwaltung in Baden-Württemberg. *Der moderne Staat* 3(2): 393–412.

Rodden B (2002) The dilemma of fiscal federalism: Grants and fiscal performance around the world. *American Journal of Political Science* 46(3): 670–687.

Scharpf F (1999) *Governing in Europe. Effective and Democratic?* Oxford: Oxford University Press.

Scharpf F (2000) *Interaktionsformen. Akteurzentrierter Institutionalismus in der Politikforschung*. Opladen: Leske und Budrich.

Schmidt V (1990) *Democratizing France. The Political and Administrative History of Decentralization*. Cambridge: Cambridge University Press.

Schröter E (ed.) (2001) *Empirische Policy- und Verwaltungsforschung. Lokale, nationale und internationale Perspektiven*. Wiesbaden: VS Verlag für Sozialwissenschaften.

Segal L (1997) The pitfalls of political decentralization and proposals for reform. *Public Administration Review* 57(2): 141–149.

Skelcher C (1998) *The Appointed State: Quasi-governmental Organizations and Democracy*. Buckingham: Open University Press.

Steinmo S, Thelen K and Longstreth F (1992) *Structuring Politics: Historical Institutionalism in Comparative Analysis*. New York: Cambridge University Press.

Stoker G (1991) Introduction: Trends in Western European local government. In: Batley R and Stoker G (eds) *Local Government in Europe*. Houndmills: Palgrave Macmillan, pp. 1–21.

Swianiewicz P (ed.) (2010) *Territorial Consolidation Reforms in Europe*. Budapest: Open Society Institute.

Thoenig J (2005) Territorial administration and political control: Decentralization in France. *Public Administration* 83: 685–708.
Tiebout C (1956) A pure theory of local expenditures. *Journal of Political Economy* 65: 416–424.
Treisman D (2007) *The Architecture of Government. Rethinking Political Decentralization.* Cambridge: Cambridge University Press.
Tsebelis G (2002) *Veto Players: How Political Institutions Work.* Princeton, NJ: Princeton University Press.
Wagener F (1969) *Neubau der Verwaltung.* Berlin: Duncker & Humblott.
Wayenberg E (2006) The Flemish government's responsibility for local government modernization. *Public Management Review* 8(1): 47–65.
Weingast B (1995) The economic role of political institutions: Market-preserving federalism and economic development. *Journal of Law, Economics, and Organization* 11(1): 1–31.
Wollmann H (2003) Evaluation in public sector reform: Towards a 'third wave' of evaluation? In: Wollmann H (ed.) *Evaluation in Public-sector Reform.* Cheltenham and Northampton: Edward Elgar Publishing, pp. 1–11.
Wollmann H (2006) Staatsorganisation zwischen Territorial- und Funktionalprinzip im Ländervergleich – Varianten der Institutionalisierung auf der dezentral-lokalen Ebene. In: Bogumil J, Jann W and Nullmeier F (eds) *Politik und Verwaltung*, Vol 37. Wiesbaden: VS-Verlag, pp. 424–452.
Wollmann H (2008) *Reformen in Kommunalpolitik und -verwaltung. England, Schweden, Deutschland und Frankreich im Vergleich.* Wiesbaden: VS-Verlag.
Wollmann H (2009) The ascent of the directly elected Mayor in European local government in West and East. In: Reynaert H, Delwit P, Pilet J-B and Steyvers K (eds) *Local Political Leadership in Europe.* Brugge: Vanden Broele, pp. 115–148.

Institutional impact assessment in multi-level systems: conceptualizing decentralization effects from a comparative perspective

Sabine Kuhlmann
Potsdam University, Germany

Ellen Wayenberg
Ghent University, Belgium

Abstract
Comparative literature on institutional reforms in multi-level systems proceeds from a global trend towards the decentralization of state functions. However, there is only scarce knowledge about the impact that decentralization has had, in particular, upon the sub-central governments involved. How does it affect regional and local governments? Do these reforms also have unintended outcomes on the sub-central level and how can this be explained? This article aims to develop a conceptual framework to assess the impacts of decentralization on the sub-central level from a comparative and policy-oriented perspective. This framework is intended to outline the major patterns and models of decentralization and the theoretical assumptions regarding de-/re-centralization impacts, as well as pertinent cross-country approaches meant to evaluate and

compare institutional reforms. It will also serve as an analytical guideline and a structural basis for all the country-related articles in this Special Issue.

Points for practitioners

Decentralization reforms are approved as having a key role to play in the attainment of 'good governance'. Yet, there is also the enticement on the part of state governments to offload an ever-increasing amount of responsibilities to, and overtask, local levels of government, which can lead to increasing performance disparities within local sub-state jurisdictions. Against this background, the article provides a conceptual framework to assess reform impacts from a comparative perspective. The analytical framework can be used by practitioners to support their decisions about new decentralization strategies or necessary adjustments regarding ongoing reform measures.

Keywords
administrative reform, comparison, coordination, effectiveness, efficiency, impact assessment, institutional reform, local government

国际行政科学评论

法国福利国家的权力下放:从“巨变”到“渐进”

蕾纳特·赖特尔[①]　　萨比娜·库尔曼
Renate Reiter　　Sabine Kuhlmann
翻译:刘　星　　审校:崔　玲　王欣红

【摘　要】 本文以法国2003—2004年社会最低收入福利救济制度的移交为例,分析了福利国家的权力下放。我们描绘并解释了改革对于福利事务地方供给体系与绩效的影响。为评估权力下放对各部门中与最低收入干预(RMI)相关的行为的冲击,我们采用了定性文献分析,并使用了两个案例研究的数据。社会最低收入干预权的下放为我们提供了一种典型视角来理解法国权力下放改革的渐进过程。在地方福利供给的绩效和产出方面,我们发现了许多意想不到的效果。这归因于制度改革与政策改革被结合在一起,政治期望很高却并未完全被转化为行动计划,结果是对地方行为主体提出的要求过高。

对实践工作者的启示

公共事务的下放,往往伴随着对地方层级上公共服务与公共治理绩效的高预期。为了深度测量它们,行政绩效范围与政治制度方面的影响都应

---

① **通信作者:**

Renate Reiter,Fern Universität in Hagen,Fakultät für Kultur-und Sozialwissenschaften,Institut für Politikwissenschaft, Politikwissenschaft Ⅲ: Politikfeldanalyse und Umweltpolitik, Universitätsstraβe 33/C,58084 Hagen,Germany.

E-mail:renate.reiter@fernuni-hagen.de

在考虑范围之内。我们提出了一个五维体系来测量权力下放的效果,即权力下放对地方公共服务的资源输入和业务输出的影响,它在横向协作方面——地方事务承担者与受影响的非公共的利益相关者之间——的影响、它在政府间的纵向协作方面的影响以及它对地方机构的民主问责的影响。

【关键词】 权力下放;法国;渐进式改革;福利国家

一、引言

法国是一个通过权力下放来实现公共事务跨层级重构的独特案例。和其他欧洲国家相比(例如英国),法国的权力下放从来没有形成"按需"发展的实用主义策略(McEwen and Parry,2005:41)。相反,从20世纪80年代的初始改革起,它就因政策制定者一直在努力"完成不可能的事"而引人注目。中央政府是所有公民"机会均等"的最高保护者,伴随这种共和理念的,自然是赋予地方权力机构[1]更多的权力与职能以提高效率并使公共行政更贴近公民的策略(Cole,2005:85—86)。接下来我们将批判性地考察法国权力下放改革的两次浪潮,或者说两个行动方案(行动方案Ⅰ,1982年至1986年;行动方案Ⅱ,2003年至2004年)。这里,我们主要关注福利国家的社会救助(社会支持)和社会服务(社会行动)职能,因为它们代表了改革的初衷所在(Borgetto,2010a:7)。

在更近些时候的"行动方案Ⅱ"中一个特别重要的步骤,是名为"最低收入干预"(RMI)的社会最低收入计划,于2003年12月被从中央政府转交到各省。严格地说,社会最低收入计划是一种针对25岁到65岁之间具有劳动能力者的福利救助。该救助的"省级化",是总体上法国福利国家权力下放的一个典型案例。自20世纪80年代初以来,这种改革常被称为是变革中的中央政府实施的"大变革"(big bang)。它被设计为一种制度改革(权力下放)和政策改革相结合的双重路径。结果,权力下放作为一种制度改革政策导致了许多始料未及的后果。制度上的复杂性大大增加,解决中央与地方政府间的冲突越来越难,更多的时间被白白消耗,透明度也越来越低。应法国前总统尼古拉斯·萨科齐的要求提交关于权力下放的报告之际,时任总理暨地方政治官员爱德华·巴拉迪尔指出了这一制度性政策所导致的(意想不到的)双重影响。首先,将事务完全移交给地方政府("政治性的权力下放"),所预设的组织效果并未实现。其次,许多预期的政治性政策目标被忽略了,从而导致了负面的意想不到的后果。

……地方单位的组织结构随着时间推移变得愈加复杂。权力下放政策的最新举措并没有伴以为了使地方政府履行任务而在结构、职能以及融资上的合理化改革。其结果是,公共行为没有成效,纳税人不得不面对更高的成本,而选民则面临透明度缺乏的问题(Comité pour la réforme des collectivités locales,2009:9;authors'own translation)。

秉承本期特刊的宗旨并以该评估为起点,我们提出了以下问题:最低收入干预计划的权力下放对在省级层次上相应的福利救助和社会服务的公共供给有怎样的影响?另外,在法国的福利国家范畴内,在涉及公共服务的职能与绩效的制度改革中,是什么原因导致了意料之中又是意料之外的效果?我们认为,“大变革”模式,即把组织/制度改革与政策改革结合在一起,致使各省负担过重,最终导致了(至少是部分)整体改革目标的失败。

本文分六步展开:首先,基于新制度主义和公共管理路径,我们提出了一个考察改革效果的概念。在这里,我们集中讨论评估的三个维度:法国各省的可用资源(输入、输出),它们的执行力及民主质量(系统效果)(第二部分)。其次,我们介绍了最低收入干预计划,阐释了在2003年权力下放改革之前相关事务是如何在中央政府与各省之间分配的,并提及对以前共同治理的相关事务的评论(第三部分)。再次,我们描述2003年12月的权力下放法案所带来的变化,并依据我们的效果评估框架对改革的影响效果进行仔细审视(第四部分)。基于“适距政府(government at a distance)”理论(Epstein,2005),我们讨论了最低收入干预计划改革在制度和政策目标上是如何以及在多大程度上失败的。我们的研究表明,最低收入干预计划,不同于其他公共事务,与法国中央政府自2004年以来所偏好的正常指导理念并不完全相容(第五部分)。最后,我们总结论点,并反思当前的“行动方案Ⅲ”(“Acte Ⅲ”,2013—2014)这一为实现法国行政管理现代化所做的最新尝试(第六部分)。

二、描绘权力下放的效果:一个概念框架

作为一种制度改革的政策,权力下放代表了公共政策的一种特殊变化形式。首先,它同样具有“普通的”政策过程,就此而言,它与“正常的”政策,即部门政策相似。它包括政策目标的确定、实现这些目标的具体工具的选择、执行政策的措施的选择,以及效果的评估等各阶段(Jann,2001:329)。在内容方面,制度性政策涉及为改变公共政策制定的组织基础而进行的自觉决策。因此,它体现了政策制定者尝试改变他们赖以做出决策的制度性规则(政体)的一种努力(March and Olson,1989:69—70)。其次,制度性政策具有在改革言论(讨论)、行动计划(决策)以及实际变革(行动)等

方面“弱耦合”的特点(Brunsson,1989),就此而言,制度性政策是具体的。在大多数情况下,这会牵涉许多不同利益主体,需要来自更高层级的协调。弱耦合非常实用,它代表了组织变革过程中的一种理性策略(March and Olsen,1989:99)。不过,这类改革的实施及其效果方面的问题,也因此显得尤为迫切。

比较公共行政与地方政府研究为权力下放改革的评估提供了概念参考。在这些领域的组织问题研究中,普遍采用功能主义的视角来考察制度改革。研究者通常会关注以下三种相互关联的效果维度:第一,政治行政体系内的变革,包括这些制度变革对行为主体的行为影响(制度评估);第二,制度的绩效(绩效评估);第三,在受干预影响的领域中公共部门改革的结果(结果评估)(Pollitt and Bouckaert,2004:103－142)。为了考察权力下放对法国地方政府(这里指的是省)行为的影响,我们将比较视角和功能主义视角两种分析视角结合起来,主要关注两个领域和五个维度(见表 1)。

- 行政管理“运行层面”的变化(绩效影响)
- 政治—行政决策系统的变化(系统影响)

表 1　　权力下放对地方公共服务影响的测量

权力下放效果的维度		不同维度上的指标
绩效影响	公共服务供给的输入	• 人力资源的变化 • 财政资源的变化
	公共服务供给的输出	• 公共服务供给的管理质量的变化(合法性、案例处理的持续时间、案例的控制、案例处理的平等性) • 公共服务供给在专业质量上的变化(遵守现行的专业标准) • 公共服务提供在全国的平等性方面的变化
体系影响	与受影响的主体、利益相关方以及公民之间的横向协调	• 向地方政府分配职能的模式 • 与第三方互动的形式与模式方面的变化 • 将利益集团纳入地方决策制定过程
	与中央政府之间的纵向协调	• 协调方式与强度的变化 • 强制或自愿互动的程度的变化
	对决策制定的直接与间接民主控制/问责制	• 代议民主制的变化 • (相关)公民的参与

资料来源:Author's own diagram。

在“绩效影响”方面，我们聚焦于权力下放在多大程度上影响到地方行政机构在落实具体公共事务任务——诸如最低收入干预计划时的绩效。我们区分了以下两个维度：第一，公共行动的输入维度。在相关事务公共管理的资源（财政、人员）支出变化方面，绩效影响变得非常明显。第二，输出维度。在行政的—技术的方面（合法性、适当的处理周期、统一的行政控制、顾客/公民的平等待遇）与职能的—专业的（既有专业标准的实现）方面都恪守既定的质量标准，这里的绩效影响也很显著。而且，与输出相关的绩效影响在超地方的服务均等化方面也会显现出来（March and Olsen，1989：143－158）。

在“体系影响”方面，我们分析了权力下放对公共决策制定的合法性以及行政主体责任制的影响。这里首先，我们关注的是协调维度，即（新的）地方服务的利益相关方与受到影响的（公共与非公共的）第三方之间利益调解的模式与制度方面的变化，以及中央与地方政府间关系的变化（March and Olsen，1989：119－129）。其次，我们考察了权力下放对地方服务的利益相关方在民主问责制方面的影响。我们在这里重点关注了（相关）公民参与地方（省）层面的政治—行政决策制定过程方面的变化（March and Olsen，1989：118）。

在使用这一概念框架之前，我们将首先介绍作为福利职能与权力下放目标的最低收入干预计划。

三、作为福利职能与权力下放目标的最低收入干预计划

随着2003年年底最低收入干预计划被完全转移到各省，更准确地说是各省委员会（字面意思：各总理事会）及其主席，法国的立法者终结了这项长期的“协作治理”，它可以追溯到1988年最低收入计划的建立（Cytermann and Dindar，2008）。从1988年到2004年，中央与省委员会在最低收入计划相关问题上的职能分工如下：

• 省长是国家仕命的地方代表，省委员会主席是民选的地方执行官，他们共同承担省内最低收入干预计划的年度规划与服务管制职能。这种协作最终形成了一个由中央—省联合委员会（省融入委员会，CDI）缔结的所谓“包容式社会服务计划”（省融入计划，PDI）。

• 省长负责最低收入干预计划——包括它的福利救助和社会服务职能——筹资（Sénat français，2007：17）。而省委员会每年对本省最低收入计划的贡献至少占上一年总预算的17%。

• 此外，省长还需要完成与最低收入干预计划福利救助部分的执行相关的行政事务。其中，他要核查、批准或者拒绝个人的社会救助申请

(Steck,2010)。

• 至于省委员会,则必须筹划最低收入计划的社会服务部分的实施(社会行动),以及发挥其“促进”作用。

由于最近对贫困问题的争论、对法国社会体系没有能力管理这种新现象(Cyterman and Dindar,2008:23-25)的批评,以及20世纪80年代长期失业的剧增(INSEE,2014),最低收入干预计划(RMI)从一开始就在政治上非常引人关注。尽管存在可预期的高成本以及无法估算的筹资风险,社会党政府仍决定不将这一关乎国民团结的事务转移到各省,而是构建了一种中央政府与省委员会之间的合作体制。传统共和政体所秉持的“平等”原则与这一事务的完全下放是根本相抵触的(Cyntermann and Dindar,2008:31-32)。然而,为了“促进”失业人员的劳动力市场,省长很大程度上要依赖省委员会的支持。从20世纪80年代初开始,他们自己确立了作为地方福利政策领域的强有力参与者的地位,建立起自己的社会服务部门,创立了由不同的社会服务提供者构成的地方网络(Thoenig,2005:699)。

“协同治理”体制发展的主要原因(Thierry,2008:243)在于对所有公民平等待遇的关注,以及中央与地方主体间加强合作的政策必要性。“协同治理”从一开始就受到批评(Cyntermann and Dindar,2008:31;Sénat français,2003:12,17),最主要的批评涉及该体制高度复杂的、非透明的、行政化的组织结构(详见Thierry,2008:245;Lafore,2010:77);强制性的“伙伴关系”以及中央政府与省委员会之间在最低收入干预计划方面的职能划分不清晰(Thierry,2008:244;Cyntermann and Dindar,2008:40),“协同管理”导致成本的增长几近失控(Thierry,2008:244),以及忽视了最低收入干预计划的实际目标——促进与整合对失业人员的支持(Sautory,2008)。实际上,最低收入干预计划的核心内容是促进与包容。然而,促进与包容的实现从一开始就受到了挑战,因为个体的社会融入契约这个最重要的工具,在整个1988年到2003年,几乎没有得到使用。在此期间,不仅签约数额一直保持在一个很低的水平,而且只占最低收入干预计划的受益人总数的50%左右(Sénat français,2003:20)。实际签约中还包括一批未加区分的其他人员(Cyntermann and Dindar,2008:21-22)。

由于最低收入干预计划带来的亏空(Thierry,2008),也由于要求下放最低收入干预计划的各省的持续批评(Sautory,2008:227),2002年5月就职的让-皮埃尔·拉法兰领导的保守派政府实施了该计划。在咨询了地方政府的代表之后(Assises des libertés locales,2002—2003),拉法兰政府根据2003年12月的相关法案下放并改革了最低收入干预计划(JORF n°

293 du 19 décembre 2003:21670)。

四、权力下放是如何影响地方政府的?

从2004年1月起,省委员会开始全面负责最低收入干预计划的实施。2003年12月颁布的权力下放法律规定,省委员会应该对本省融入计划的规划和解决方案负责,而省委员会的主席与省行政部门的领导应该能够胜任涉及最低收入干预计划的福利援助部分的所有决策和执行性任务。他同样还应该在省融入计划的服务供给范围内,有权决定最低收入干预计划的个体受益者的社会融入政策(JORF n°293 du 19 décembre 2003:21670)。通过这些规定,法国各省联会作为各省及其主要利益组织的常设机构,终于得以建立起来(Cyntermann and Dindar,2008:31;Mauroy,2000)。然而,与此同时,在最低收入干预计划中,公共服务的成本和绩效(平衡)这样的老问题又出现了。事实上,各省之间的失业率和长期失业率存在很大差异,这引起了人们对全国范围内失业人员待遇不平等以及公共福利服务实施不平等的担忧(Sénat français,2003:11-12)。实际上,立法者已经废除了地方融资占17%的规则,从而提高了省委员会的财政自主权。然而,立法者又制定了一种新型的融合协议(最低收入干预行动协议,简称CI-RMA,以及2005年的未来协议,简称CA),创设了社会融合官(integration officer)这一新职位(Référent d'insertion),还负责省委员会与其他地方公共与非公共主体之间密切的协调工作,并设法使"相信最低收入干预计划的人被纳入劳动力市场",成为政策的最优先选项。

由于这种制度与政策的双重改革,各省面临着制度调整与工具学习的双重挑战。在下一部分,我们将使用第二部分中提出的框架,考察最低收入干预计划下放的绩效与体系效果及其对于实现此前的体制改革目标的重要性,随后,我们将检验初始假设——改革效果不佳的原因在于各省的系统性负担过重。为此,我们使用了审计法院、社会事务总署、研究评估与统计局、法国各省联会以及法国参议院在2004年至2009年我们调研期间发布的官方统计数据和评估报告。我们之所以使用这些经过挑选的机构提供的报告,是因为它们在评估公共(社会)政策领域最出色,而且它们分别与最低收入干预计划各个关键的公共主体及利益相关人有联系(参议院:与地方/省政府有联系;研究评估与统计局/法国各省联会:更具科学性,同时与省委员会保持友好关系;社会事务总署:联系中央政府;审计法院:中立的,关注公共财政的核心事务)。此外,我们还使用了精选的两个案例省的相关数据(滨海塞纳省与吉伦特省)。在此,我们调查了最低收入干预计划下放的效果,这也是我们自己在2007年到2009年之间所从事研究的一部分。由于我们只涉及了两个案例研究,这些数据可能并不具代表性。所以,我们使用这些材料只是为了进一步证明从文件研究中得到的发现。在方法论上,我们对选取的报告内容进行了定性分析。

(一)绩效效果

1. 输入:费用与人员

对于实际的人员调动,中央政府的解释覆盖面很广。2003年12月的权力下放法并没有提到被下派人员的确切数量,而是规定,截至2003年,每个省委员会接收的人数,要等同于国家行政机关驻地方办事处中负责最低收入干预计划事务的雇员人数(省卫生保健及社会福利事业局,DDASS)。省长要确定相关职员的数量并汇报给负责决定这种调动的社会事务部部长(IGAS,2007a:5 und 13)。这种复杂的方式导致不同层级的政府之间的大量冲突,拖延了人员调动过程。所以,到2007年,所有627个岗位中只有387个完成了调动(IGAS,2007a:39)。而且,在那时,部分省份已完成了全额补偿,而有的省甚至还有一半职员没有完成调动(IGAS,2007a:38—39)。不仅如此,被调动人员数量与相应的最低收入干预计划受益人的比例,在不同省份之间也相差巨大。2005年,罗纳河口省一个调动岗位要对应4 300个最低收入干预计划的受益人,而同年在热尔省的对应人数只有878个(IGAS,2006)。因此,不出意料的是,72%的省需要尽早地在2005年雇用额外人员(Avenel,2005:3)。这种新人员雇用的趋势一直延续到2009年最低收入干预计划被并入积极互助收入津贴计划之中(Arnold and Lelièvre,2012:7)。

财政补偿也被证明是不足的。从2003年到2008年,依据行动方案Ⅱ的权力下放法律(DGCL,2013),各省总收入从平均每年每人(法国大都会)617欧元增加到999欧元,这主要来源于中央拨款的增加(DGCL,2012)。特别是针对社会最低收入计划,中央的补偿性拨款来自于矿物油税(国内石油产品税,TIPP),其数额从2004年的47亿欧元增长至2010年的52亿欧元左右(法国大都会)(Observatoire,2012:63)。自2006年以来,中央政府额外拨付了总计2亿欧元国家补偿金,并建立了一个专门的"社会融入动员基金"。然而,这些看上去可圈可点的努力并不能掩盖这样一个事实,即财政补偿并不足以实现上述改革目标。事实上,政府在决定为最低收入计划的转交进行财政补偿时,是本着"少花钱多办事"的原则行事的。2004年的《普通财政法》规定,额外的财政负担必须由新的税源来弥补,例如,不能使用专项拨款(Art. 59 Loi de finances pour 2004)。不管怎样,这一规定只是看上去有利于自主权,因为国内石油产品税与失业率的增长没有任何关联,因此并不能充分补偿动荡的经济活动所带来的风险(Cour des

Comptes,2009)。考虑到积极的经济前景,许多省委员会确信自己能够使最低收入干预计划比权力下放之前运转更为有效。因此它们在 2003 年接受了这一规定(根据 2008 年 6 月对吉伦特省的第四次访谈)——但是却承受着可预料的后果:自 2005 年以来,国内石油产品税的增长并没有跟上最低收入干预计划的成本增长速度。结果是,截至 2010 年,出现了 19 亿欧元的资金缺口,国家补偿只能抵消地方的最低收入干预计划支出的 74%(DGCL,2013:15 and 33)。总而言之,最低收入干预计划向地方下放不仅影响了各省的财政能力,而且从根本上缩减了各省整体的经济自由裁量权(Le Lidec,2010)。此外,自 2003 年以来,各省还面临着由于相关事务的持续转交而导致的社会福利支出巨幅增长(Le Lidec,2010:34;从 1996 年到 2010 年,支出从 80 亿欧元增加到超过 280 亿欧元;Clément,2012:3)。

2. 输出:服务与专业化质量,法律正确性,顾客导向

尽管各省的输入能力在下降,但在输出端(服务质量)最初几乎见不到什么负面影响。相反,我们的评估显示,省委员会很快学会了如何面对日益增长的财政压力,只是一些“较穷”的省份,调整其社会服务委员会以适应最低收入干预计划的受益人快速融入劳动力市场的新政策目标时有些迟缓。不同研究都证实了这一发现(Le Lidec,2010:37—38;Helfter,2010:88—89)。

关于“法律正确性”——这在行政诉讼案数量的变化上也有所体现,我们发现自 2004 年以来诉讼案的数量在增加(IGAS,2007b:8)。然而,这并不意味着服务质量在下降,但是这可以被认为是许多省施行了更加严格的反欺诈政策(IGAS,2007b:10—11)。事实上,社会事务的一般性检查并没有注意到最低收入干预计划实施中法律质量的变化(IGAS,2006:11—12)。而且,大多数省在 2004 年以前已经将相当数量的职能外包给了家庭救济金办公室(Avenel,2005:5)。这种做法不仅是明智的,因为到 2003 年任务转交之前,家庭救济金办公室已经完成了该事项的处理,考虑到家庭救济金办公室在 2004 年之后仍对救济金的支付承担法律责任,这种做法也是明确的(Le Bihan et al.,2006:7;IGAS,2006:8)。并且在那些省委员会行使其新权力的领域——例如反欺诈方面(Avenel,2005:5)——只有很少的移交困难出现。

就“专业化质量”而言,调整就没有那么顺利了。一个重要的变化是在每个省都强制建立了一个个案管理部门。很多时候,相关的制度改革并不仅限于依法设立一个社会融合官(Référent d'insertion)作为最低收入干预计划受益人的联系人。某些省份,例如滨海塞纳省,尝试根据其具体需求对最低收入干预计划受益人进行分类。这样做的目的是规范和提高对个

人的支持(Le Bihan et al.,2006:5)。此外,大多数省委员会谋求的目标都是增加融入协议的数额。一方面,这样做旨在提升受益人的训练,另一方面,对快速再融入劳动力市场的支持会因此得到改善(IGAS,2006)。最后,为改革社会服务而采取了一些措施。在这方面,粗略地说,存在两大"阵营"(Helfter,2010):一些省份继续强化其社会关怀理念,他们往往会担心救助服务变革会带来高成本(比如滨海塞纳省);另外一些省份则寻求把新的"促进"范式纳入其社会融合政策之中。它们引入了个案管理流程,并把社会服务目标调整为迫使最低收入干预计划的受益人快速地再次融入劳动力市场(Le Bihan et al.,2006:8—11;e.g. Gironde)。由于这些专业上的、制度上的以及流程上的各种各样的调整,各省之间的异质性与差异在2003年后明显加大。结果,法国政治与行政文化中根深蒂固的公民平等待遇原则,至少是在这种社会干预领域中受到了质疑(CdC,2009:67)。

(二)体系效果

1.横向协调

这一部分的前两个指标指的是省委员会与实施最低收入干预计划相关的其他公共的以及私营的主体间的互动。它们会显示,权力下放是否如所预期的那样,有助于改善相关主体间的地方协作并降低制度的交叉重叠。在很多省份,最低收入干预计划的下放是一种"机会窗口",使它们得以重构与当地第三方机构的关系。事实上,省委员会试图通过行政协议工具(contrat administratif,法语,行政合同),与当地政府正式确立关系(Le Bihan et al.,2006:5—7)。这种"契约化"的加强,至少与两个方面的权力下放有关。第一,2003年立法者并没有削减被授权接受最低收入干预计划申请的机构数量(省委员会,法国国有天然气和电力公司,家庭救济金办公室,可信的慈善机构)。这意味着对协调的要求很高。第二,根据法国宪法第34条与第72条中规定的地方自治政府的权力范围,所有的地方和地区政府都可以处理其管辖权(一般管辖权条款)范围内的一切公共事务,这意味着所有地方政府原则上都可以为支持公民的社会融合而采取行动。在权力下放期间,该原则依然存在,尽管2003年12月的法案明确宣称,省委员会是所有的地方融合政策的"主管"(chief de file,法语,领导)。通过诉诸行政协议以及修正既有的契约伙伴关系,省委员会希望强化自己的主管角色,优先推行自己的政策,在法定的合作者之间建立合法明确的职责分配机制(IGAS,2006:15)。然而,预期的透明性和问责性效果却较差。契约化的加强仅仅是一种解决不同层级间职能交叉的"次优"解决方案。各省仍不能正式启动"最高控制"权,尤其是在面对市镇政府的时候(Borgetto,2004)。即使在实施了"行动方案Ⅱ"之后,这些省仍然遵守传统的兼容性社会救助计划(Mission parlementaire,2009)。随之所造成的“竞争式干预”局面,给地方社会服务的透明性带来了消极影响(IGAS,2008:24)。事实上,把地方救助服务向基于契约的横向管理部门的转交,是增加了而非减少了对协作的需求。

2. 纵向协调

同样,政府间关系也并没有因为权力下放而变得更加简单。不出所料,2004 年以来,中央驻地方机关与省之间的合作强度发生了显著变化。大多数的省委员会都尽量减少与中央驻地方机关的合作(IGAS,2007b:32)。尽管如此,权力下放并没有促进不同层级间制度重叠问题的解决。相反,考虑最低收入干预计划受益者应该快速融入劳动力市场这一新的法定要求,各省的社会委员会和中央政府下放的其他专门机构之间的自愿互动,取代了此前与中央驻地方机关的强制性政策协调(IGAS,2007b:32—33)。

3. 民主问责制与合法性

最后,“行动方案Ⅱ”所造成的一个影响效果是,它使不同层级的地方政府的代议民主制在形式上得到了加强。就最低收入干预计划而言,选举产生的省委员会被赋予了对包括补充性社会服务在内的本省最低收入干预计划政策,进行规划、预算和实施的自主决策权[Art. L263—3 Code of Social Law(CASF),version 01/2004—06/2009]。然而,由于种种原因,这种授权被认为只是在装点门面。

第一,在 2003 年之后,中央政府继续对地方的社会政策制定实施很强的监管。其中包括了最低收入干预计划的内容(激活劳动力市场的再融合功能)、政策实施的流程(例如与国家劳动力管理部门的协调)以及地方社会管理的构建(社会融合官的设置)。这种紧箍咒式的监管同样也对 2001 年以来下放的其他社会事务有影响,总体上给贴近公民取向以及地方政府的问责制造成了负面影响:“……转移到省委员会的职责只是略微带来了行政自主权的改善;这些职能上的转交恰好把省委员会推入到一项新计划之中,从而把它们变成了单纯代表管控一切的中央政府的‘代理人’或‘执行者’。”(Le Lidec,2010:35)。

第二,与权力下放之前一样,最低收入干预计划的政策和预算规划依然是一个由各省行政长官强势主导的过程。

第三,在利益相关人与公民的参与上,其效果仍需冷静看待。2003 年以后,最低收入干预计划受益人的参与对大多数省份来说并不是问题(IGAS,2007b:21)。只是在个别案例中,省委员会才提出要发展一种适当的对话机制(2008 年 5 月对滨海塞纳省的第一次访谈)。如今,在所有的省份中,总共有 85%的最低收入干预计划受益人通过一个被称为“跨领域工作小组”的框架,参与了地方政策的制定,这并非是由于各省政府的学习效果,而是法律规定了要让最低收入干预计划的受益人参与,2009年确立的劳动收入补助计划规定了这一点(Arnold and Lelièvre,2012:6)。因此,权力下放的预期效果——省委员会自主裁量权与民主问责制的强化,总体上可以忽略不计。

五、如何解释权力下放的非预期效果

按照新制度主义的观点,积极效果(例如公共行为的有效性或行为主体的责任制)多来自于公共事务的下放(Pollitt and Bouckaert,2004:105－106)。新制度主义理论认为,公共事务的组织机构会对政治与行政行为的结果(输出)以及绩效(成果)产生影响(制度作用;March and Olson,1989:96)。这种通过权力下放而使国家行为合理化的观点,得到了组织社会学家和政治学家——尤其是那些对法国政府改革感兴趣的学者的支持。他们认为,法国当前正在公共政策制定的不同领域推行一种新的治理形式,可以被描述为"适距政府(government at a distance)"(Epstein,2005;Hassenteufel,2011:6,14－28)。爱泼斯坦和海森托伊费尔的研究都令人信服地显示,中央政府近年来重获的掌舵能力主要是这种结构重建所致,似乎有些矛盾的是,这种结构重建不仅包括公共职能的下放,还包括政府的(再)强化["(再)集权";Hassenteufel,2011:19]。更准确地说,"适距政府"包括给地方政府分配特定的任务和职责,强化它们的职能(还有它们采取行动和进行投资的义务与责任),还意味着中央政府权力的强化,特别是通过在地方建立执行性的国家机构和地方办事处这种方式(Epstein,2005:11;Hassenteufel,2011:16)。总而言之,由于地方政府可能会为中央的有限资金展开竞争,因而人们认为"适距政府"能够限制甚至降低公共支出。此外,它有希望降低在诸如城市规划与健康等政策方面进行政府间协调的必要性。

然而,根据我们对最低收入干预计划的实证研究结果,关于"行动方案II"(Epstein,2005:12)的总体效果的理论假设只能被部分地证实。假设中的成本降低和政府间协调的精简迄今尚未出现(Béhar and Estèbe,2012;Thierry,2008:247－248)。这种(部分)失败的原因是什么?我们认为同时综合推进组织/制度改革和政策改革("双重影响";Le Lidec,2011:159),使各省不堪重负。因而,本意为"巨变"式的法国地方改革,却变成了"渐进"模式的改革,绩效的提高也很有限。在下文中,我们从两个评估维度进一步阐释观点:一方面是效率和成本的节约;另一方面是协调。

1.为什么效率目标失败了?

在最低收入干预计划下放之后,福利援助与社会融合服务的成本明显增加了。特别是人员开支陡增，花光了国家拨给省委员会的人员补偿金。这种财政失衡的一个重要原因可以从2003年12月的法规中找到。相关法律规定了个案管理（Référent d'insertion）的新方法，并创设了一个新的关于公共雇佣政策（Contrat d'insertion-Revenu minimum d'activité）的契约化工具。这些规则意味着省委员会的额外成本是事先无法预计的（Sautory，2008：227）。在此背景下，许多省委员会需要招聘新的劳动力来维持现有服务质量，并提供新服务（Sénat français，2011：157）。在我们考察的两个案例中，从2004年到2006年间，最低收入干预计划领域的雇员在吉伦特省增加了24名，在滨海塞纳甚至增加了90名全职雇员。此外，最低收入干预行动协议工具同样也带来了新的开销（Seénat français，2007：19；Rihal and Long，2007）。除了这些新成本，还有一系列过去（以及现在）由法定的津贴构成的既有成本，这些法定的津贴非常依赖于经济发展和（失）就业状况，因此通常难以计算。

2.为什么协调目标失败了？

一个关键问题是，中央并没有，例如通过创立一个“中立的”指导机构维护自己的立场。相反，从2004年开始，中央政府从省这一级的社会融合活动中完全撤出了（Sautory，2008）。此外，从20世纪90年代起，省委员会被降低了职能，仅限于担任中央的“巨型社会福利办公室”，同时又没有从中央得到足额补偿。省委员会不具有任何政治权威来对社会融合政策、社会投资和社会服务（Borgetto，2004；Cole，2005；Le Lidec，2010）进行指导，完全依赖于制度“伙伴们”（自治市、中央机构、协会）的合作意愿。然而，协调通常是不起作用的，因为在社会融合这样的多元领域中，行为主体的数量与合作的需求都太高了。此外，在不同的行为主体（包括中央政府；Borgetto，2010b：15－16）中，政策和融资责任的分配也不一样。最后，许多相关的行为主体仍然是自主的，没有任何“等级制的阴影”，特别是在社会融合领域（Mission parlementaire，2009：11－13）。因而，契约化安排被证明在功能上并不能替代此前的层级化指导模式（Borgetto，2010b：16）。事实上，此前，例如在城市规划领域形成的经验——地方之间、省际或地区间竞争增加而协调减少（Biarez，1990：624）——在最低收入干预计划领域又再现了。吉伦特省福利办公室的一个访谈对象将这种情形归纳为：“在实施最低收入干预计划时，省卫生保健及社会福利事业局甚至都没有尽到自己的职责。而这在权力下放之前对于相关各方之间的协调是有利的。现在我常常有一种难以总览全局的感觉。有时候，一个中立的仲裁者消失了。”（Interview 3 department Gironde，June，2008）

况且，各省很快就不得不承认，没有中央政府或者其派出机构的协调，它们也很难履行自己的新职能(Hardy,2010)。因而,它们迅速地与中央政府的外地办事处重新进行协作。这一最初的自愿协作已经变得正规化了。根据修订过的社会法法典 263－1 条款(article 263－1 CASF),与全国职业机构法国国家职业介绍所(Agence nationale pour l'emploi)的地方分支机构(missions locales)间的协作尤为紧密(Arnold and Lelièvre,2012;IGAS,2006:16)。所以说,权力下放并未促进垂直关系的解体,相反,旧的相互交织的体系被新的取代了。

六、结论

对下放最低收入干预计划的经验分析,证实了我们的初始假设,即“巨变”会使各省负担过重,进而会妨碍中央改革(正向)目标的实现。2003 年后,对涉及最低收入干预计划的地方决策进行全面的监管,以及权力下放改革(行动方案Ⅱ)的糟糕的制度设计,起了反作用。结果,最低收入干预计划相关事务的执行受到了削弱,该领域权力下放的总体目标并没有实现。此外,在 2003 年以后,深化制度和政策改革的需求更为迫切。这在下述情况中表现尤为明显:在 2009 年,最低收入干预计划被全面修订,并被纳入到一个新的被称为“积极团结的收入”(Revenu de solidarité active,RSA)的社会救济项目中。

在最低收入干预计划被下放之后,省委员会做了大量努力来调整他们的社会管理,结果是,尽管承担了新职能,总体的服务供给质量并没有受到影响。那些遭受着财政困难和/或高失业率考验的省,在履行新职能时却经历了一段艰难时期。这加剧了各省在社会服务和“社会行动”投资领域中的发展不平衡,并进一步加大了中央政府在公共行动领域中进行再投资的需求,以抵抗法国公民享受公共服务不均衡的风险,这一点巴拉迪尔委员会在 2009 年就提出来了。

总的说来,“行动方案Ⅱ”的绩效和体系效果并没有达到改革前提出的预期目标。就具体省来说,它既没有清楚地表述地方的任务,也没有加强地方自治。

基于这些令人失望的结果,自 2008 年以来,法国政府采取了一系列措施进行更为激进的地方改革(Cole,2014)。从巴拉迪尔委员会提出解散主要的城市化地区的省而以大都市圈取而代之开始,到 2010 年 12 月出台的地方改革法其中规定合并省与大区并设立大都市中心,到最后法国政府于 2014 年 1 月推出权力下放“行动方案Ⅲ”,其中除了规定要进一步合并大区并提升它们的功能,还调和了关于省未来发展的争论。上述每一步都在试图削减尤其是省的职能和政治权力。然而,考虑到省及其联合会(the

ADF）对这些激进建议的抵制，通过解散该层级的政府来消除法国地方体制的制度惯性，这新一轮“大变革”式的改革依旧不太可行。因此，不出所料，弗朗索瓦·奥朗德总统明确宣布在“行动方案Ⅲ”框架内会保留省这个地方层级（Le Monde，2014）。然而，现行的法律草案只愿意对那些愿意与其他集体合并的地方政府——尤其是省——给予财政激励。这种旨在启动法国地方体制进行决定性改革的更温和、更具竞争力的新一轮尝试，能否赢得政治支持，或者“行动方案Ⅲ”能否成为另一轮带有负面效果的“渐进”改革，这些都要拭目以待。

注释

[1]在法国即市镇、省、城际机构和大区。

作者简介

蕾纳特·赖特尔（Renate Reiter），德国哈根电视大学政治学系的高级研究员。她的专业领域是比较公共政策，尤其是从比较的视角进行（地方）社会政策研究。她从 2011 年 4 月开始担任德国政治学会地方政治研究分会的联合主席。她最新发表的论文是（与 Tanja Klenk 合作）《医疗市场中的治理：两个俾斯麦模式国家的比较》[载《欧洲政策分析》1（1）：108－126]。

萨比娜·库尔曼（Sabine Kuhlmann），德国波茨坦大学政治、行政管理与组织学系的教授。

参考文献

Arnold C and Lelièvre M (2012) Les modes d'organisation des conseils généraux avec la mise en place du revenu de solidarité active. *Études et résultats N°800, mars 2012 (Direction de la recherche, des études, de l'évaluation et des statistiques, DREES).*

Avenel M (2005) Les modes d'organisation adoptés par les conseils généraux pour la gestion du RMI suite à la décentralisation. *Études et résultats N° 432, octobre 2005 (DREES).*

Béhar D and Estèbe P (2012) Décentralisation: sortir du local et s'émanciper de l'État. *Pouvoirs Locaux* 92(I): 67–71.

Biarez S (1990) The metropolis debate in France: New paper and reports in the framework of decentralization. *International Review of Administrative Sciences* 56(4): 613–637.

Borgetto M (2004) Les transferts de compétences en matière d'aide et d'action sociales: entre changement et continuité. In: GRALE (ed.) *Réforme de la décentralisation, réforme de l'État, Régions et villes en Europe. Annuaire 2004 des collectivités locales.* Paris: CNRS Éditions, pp. 109–118.

Borgetto M (2010a) La décentralisation du sociale: De quoi parle-t-on? *CNAF/Informations sociales* 162(6): 6–11.

Borgetto M (2010b) La décentralisation du 'social' en débat(s). *CNAF/Informations sociales* 162(6): 14–20.

Brunsson N (1989) *The Organization of Hypocrisy: Talk, Decision and Actions in Organizations.* Chichester: John Wiley & Sons.

Clément E (2012) Les dépenses d'aide sociale départementale en 2010. *Etudes et résultats N° 792, mars 2012 (DREES)*.

Cole A (2005) Territorial politics and welfare development in France. In: McEwen N and Moreno L (eds) *The Territorial Politics of Welfare*. London: Routledge, pp. 85–102.

Cole A (2014) Not saying, not doing: Convergences, contingencies and causal mechanisms of state reform and decentralisation in Hollande's France. *French Politics* 12(2): 104–135.

Comité pour la réforme des collectivités locales (2009) 'Il est temps de décider'. Rapport au Président de la République, 5 May, Paris.

Cour des Comptes (CdC) (2009) *La conduite par l'État de la décentralisation. Rapport public particulier*. Paris: CdC.

Cyntermann L and Dindar C (2008) Les grandes étapes de l'histoire du RMI. In: Lelièvre M and Nauze-Fichet E (eds) Les grandes étapes de l'histoire du RMI. *RMI? État des lieux* 23–49.

Direction générale des collectivités locales (DGCL) (2013) *Les données détaillées des finances des départements de 2001 à 2008*. Available at: http://www.dgcl.interieur.gouv.fr/sections/a_votre_service/statistiques/budgets_locaux/finances_des_departe/les_donnees_detaille/view (accessed 2 February 2013).

Epstein R (2005) Gouverner à distance. Quand l'état se retire des territoires. *Esprit* 11: 96–111.

Hardy J-P (2010) Le désengagement de l'État en matière d'action sociale: la fin du développement social. *CNAF/informations sociales* 162(6): 72–75.

Hassenteufel P (2011) Les transformations du mode de gouvernement de l'assurance maladie: une comparaison France/Allemagne. *La revue de l'IRES* 70(3): 3–32.

Helfter C (2010) La construction des politiques d'action sociale au sein des départements. *CNAF/informations sociales* 162(6): 86–91.

IGAS (Inspection générale des affaires sociales) (2006) Évaluation de la loi 1200-2003 du 18 décembre 2003 décentralisant le RMI et créant le RMA. Rapport de synthèse, présenté par: Delphine Corlay, Marie Fontanelle-Lassalle, Christian Lenoir, Valérie Saintoyant et Michel Thierry. Paris: IGAS.

IGAS (2007a) Évaluation des transferts de personnels pour l'exercice des compétences décentralisées dans les domaines de la solidarité, de la santé et de l'action sociale. Rapport présenté par: Michel Raymond, Marc-David Séligman, et Patrice O'Mahony. Paris: IGAS.

IGAS (2007b) Rapport de synthèse sur la gestion du Revenu minimum d'insertion (RMI). Présenté par: Jean-François Chevallereau, Michel Laroque, Marguerite Moleux et Isabelle Rougier. Paris: IGAS.

IGAS (2008) *Les politiques sociales décentralisée – Rapport annuel 2007–2008*. Paris: La Documentation Française.

INSEE (2014) Taux de chômage depuis 1975. Available at: http://www.insee.fr/fr/themes/tableau.asp?reg_id=0&ref_id=NATnon03337 (accessed 19 January 2014).

Jann W (2001) Verwaltungsreform und Verwaltungspolitik: Verwaltungsmodernisierung und Policy-Forschung. In: Schröter E (ed.) *Empirische Policy- und Verwaltungsforschung. Lokale, nationale und internationale Perspektiven*. Opladen: Leske & Budrich, pp. 321–344.

Journal Officiel de la République Française (JORF) n° 293 du 19 décembre 2003: 21670.

Lafore R (2010) Le rôle des associations dans la mise en oeuvre des politiques d'action sociale. *CNAF/informations sociales* 162(6): 64–71.

Le Bihan B, Martin C and Rivard T (2006) L'organisation du RMI et de son volet insertion dans neuf départements depuis la décentralisation. *Études et résultats N° 535, novembre 2006 (DREES)*.

Le Lidec P (2010) Les relations financières entre l'État et les collectivités territoriales: un sauvetage des conseils généraux orchestré au prix fort. *CNAF/Information sociales* 162(6): 32–40.

Le Lidec P (2011) La Décentralisation, la structure du financement, et les jeux de transfert de l'impopularité en France. In: Bezes P and Siné A (eds) *Gouverner (par) les finances*

publiques. Paris: Presses de Sciences Po, pp. 149–192.
Le Monde (2014) La decentralisation, nouveau chantier de Hollande? (by Eric Nunès), 14 January.
McEwen N and Parry R (2005) Devolution and the preservation of the United Kingdom welfare state. In: McEwen N and Moreno L (eds) *The Territorial Politics of Welfare*. London: Routledge, pp. 41–61.
March JG and Olson JP (1989) *Rediscovering Institutions: The Organizational Basis of Politics*. New York: The Free Press.
Mauroy P (2000) *Refonder l'action publique sociale*. Paris: La Documentation Française, (Commission pour l'avenir de la décentralisation).
Mission parlementaire sur les droits connexes dans le cadre de la généralisation du RSA (2009) Rapport de Madame Sylvie Desmarescaux, Sénateur. Catherine Hesse, Membre de l'inspection générale des affaires sociales. http://lesrapports.ladocumentationfrancaise.fr/BRP/094000221/0000.pdf (accessed 8 October 2013).
Observatoire des finances locales (2012) *Rapport de l'Observatoire des finances locales. Les finances des collectivités locales en 2012*. Paris: Observatoire des finances locales.
Pollitt C and Bouckaert G (2004) *Public Management Reform: A Comparative Analysis*, 2nd edn. Oxford: Oxford University Press.
Rihal H and Long M (2007) *Le décentralisation du revenu minimum d'insertion*. Paris: La Documentation Française.
Sautory O (2008) Orientations récentes des politiques d'insertion des conseils généraux. In: Lelièvre M and Nauze-Fichet E (eds) *RMI, État des lieux, 1988–2008*. Paris: Découverte, pp. 227–242.
Sénat français (2003) Rapport d'information (n° 304) fait au nom de la commission des Affaires sociales (1) sur le projet de loi portant décentralisation en matière de revenu minimum d'insertion et créant un revenu minimum d'activité. Tome I: exposé général et commentaire des articles. Par Bernard Seillier, Sénateur. Session ordinaire DE 2002–2003.
Sénat français (2007) Rapport d'information (n° 206) fait au nom de l'Observatoire de la décentralisation (1) sur le suivi du transfert du revenu minimum d'insertion (RMI) aux Departements. Par Michel Mercier, Sénateur, Session ordinaire DE 2006–2007.
Sénat français (2011) Rapport d'information (n° 679) fait au nom de la délégation aux collectivités territoriales et à la décentralisation (1) portant contribution à un bilan de la décentralisation. Par M. Edmond Hervé, Sénateur, Session ordinaire DE 2010–2011.
Steck P (2010) Focus – Revenu minimum d'insertion: retour sur la mise en place de la prestation. *CNAF/informations sociales* 157(1): 142–145.
Thierry M (2008) La décentralisation du RMI: responsabiliser les départements, mais pas seulement les départements.... In: Lelièvre M and Nauze-Fichet E (eds) *RMI, État des lieux, 1988–2008*. Paris: Découverte, pp. 243–248.
Thoenig J-C (2005) Territorial administration and political control: Decentralization in France. *Public Administration* 83(3): 685–708.

Decentralization of the French welfare state: from "big bang" to "muddling through"

Renate Reiter
FernUniversity, Germany

Sabine Kuhlmann
University of Potdam, Germany

Abstract

This article analyses the decentralization of the French welfare state focusing on the transfer of the *Revenu minimum d'insertion* (RMI) welfare benefit to the departments in 2003 and 2004. We map and explain the effects of the reform on the system and performance of the subnational provision of welfare tasks. To evaluate the impact of decentralization on the RMI-related action of the departments, we carry out a qualitative document analysis and use data from two case studies. The RMI decentralization offers an exemplary insight into the incremental implementation of French decentralization. We find many unintended effects in terms of the performance and outcome of the subnational welfare provision. This is traced back to the combining of institutional and policy reforms and the inadequate translation of high political expectations into an inadequate action programme both resulting in excessive demands on the local actors.

Points for practitioners

The decentralization of public tasks is associated with high expectations in terms of the effects on the performance of public services and public governance on the subnational levels. For an in-depth measure the range of administrative performance and political systems effects should be taken into account. We propose a five-dimensional scheme allowing for the determination of decentralization effects on the resource input to and the operative output of subnational public services, on the horizontal coordination between subnational task holders and the affected non-public stakeholders, on the vertical intergovernmental coordination, and on the democratic accountability of subnational authorities.

Keywords

decentralization, France, incremental reform, welfare state

国际行政科学评论

权力下放接近尾声了吗？财政紧缩时期职能改革的限度检验

尼克劳斯・克米诺斯・赫尔帕斯[①]
Nikolaos-Komninos Hlepas
翻译：孙彩红　　审校：陈　光　崔　玲

【摘　要】 经济危机和严格的财政紧缩似乎使持续了很长时期的权力下放走向了终结。中央集权模式的回归为紧缩政策的快速实施提供了机会，然而，资源的不足却威胁到了被下放的服务能否持续下去。欧洲的放权政策和紧缩政策之间存在着明显不一致性。实证性证据表明，地方政府对公民的社会服务需求更具有回应性，但是如今缺乏资源的市政府却拒绝下放权力。虽然有中央集权模式，但是关于财政整顿的案例研究揭示了市政府对自上而下财政政策的反应存在显著偏差。有远见的领导、积极的公民和包容性的决策制定过程，预示着良好的绩效；而墨守成规的领导、被动的公民则决定了中央与地方之间会在任务分担和责任转移方面产生无谓的冲突。

对实践工作者的启示

我们的研究结果表明，权力下放和权力集中政策都在很大程度上依赖

① 通信作者：
Nikolaos-Komninos Hlepas, Faculty of Political Science and Public Administration, National and Kapodistrian University of Athens, Themistokleous 6, 10678 Athens, Greece.
E-mail: nhlepas@gmail. com

于地方政府的态度和行动。在社会服务中,地方政府的积极回应带来了明显的绩效收益。然而,在财政危机时期,企图把负担转移给市政府却极有可能受阻。对于紧缩政策,统一的自上而下的策略以及严格的规范与机制,并不能消除这些政策的执行者之间存在的绩效差异。市政机关的回应性很大程度上取决于地方的领导能力、相关的行为者群体,乃至相关社区的特性。对于职能改革而言,标准的做法应该是,事前协商加上地方政府与相关社区在执行过程中的协助。

【关键词】 儿童保育;权力下放;财政整顿;希腊危机

一、引言

希腊是拿破仑式国家传统在南欧的一个典范,这始于民族国家建设的最初时期(Sotiropoulos,2004)。"钟摆式民主"(pendulum democracy)的"威斯敏斯特"(Westminster)模式虽然很快就建立起来了,但是其公共行政却从属于中央政府。一直到20世纪最后25年,中央集权通常都会被视为是必要的,有利于维护国家统一和政府的(再)分配能力,以应对政治不稳定、脆弱的经济发展和地区差异。甚至是近年来,希腊仍然被描述为"欧洲最具集权主义的国家"(Hlepas,2010)。的确,其地方公共支出占国家GDP的比重在欧洲是最低的,地方政府职能受到严格限制。另外,希腊政治又具有一种特殊的"幕后"地方主义特征,成为该国政治制度的补充,其政治制度是绝对多数制的、两极分化的,以及具有严格代议制特点的。利益集团体系的特征是:极端的碎片化,一盘散沙式的部门化,接触和影响政策以及决策制定的机会不均等,临时动员,缺乏开放的多元化(Hlepas and Getimis,2011)。这种家长式雅各宾派国家虽然在法律上具有强有力的单一制机构,但却难掩其总体上的多层级、多部门、多主体式的条块分割和协调欠缺,从而导致了其政策执行中的不对称(Featherstone and Papadimitriou,2013)。

在这种背景下,新历史制度主义往往倾向于强调,长期存在的制度安排和路径依赖将会决定下一步的发展(Pierson,2000)。重大的变革(或政策范式变革)将更有可能发生在"决策关键点",因此,改革的时机选择就极为重要(Pierson,2000)。虽然当前经济危机好像是这样一个决策关键点(Ladi,2014),但希腊这种条块分割与政策执行不对称的情况更符合新制度主义的行为主体导向的方法(Ostrom et al.,1994)。

以行为主体为中心的制度主义是在埃尔斯特(Elster)的"两次过滤模式"背景下发展起来:第一步,诸如制度安排和物质条件等结构性约束,从种类繁多的可能选项中过滤出一个小得多的“可行性子集”；第二步，行为主体再从这个子集中选择一个可用的选项。这种“精英决策制定”(Politt and Bouckaert，2004：26)包含了对特定背景下的挑战与目的的政治界定(Heinelt and Bertrana，2011：15)。根据奥斯特罗姆(Ostrom)的制度分析和发展框架，行为主体会被置于一个行动舞台上，在一种特定行动状况下进行互动以形成政策结果。这些行为主体会参照“现行规则”(不仅是制度性规则，还有头脑中的潜规则)，“政策参与群体的特性”(有共识的/有冲突的、公开的/封闭的、受控的/平衡的)，以及“物质的、社会经济的乃至相关政策的状况”(如导致冲突的再分配政策)。在这个行动舞台上最后究竟发生什么，还取决于行为者的“知识秩序”(knowledge order)，即他们对何种行动可欲、何种行动可行的认知。可行性可能是偶然事件或有利时机的结果，而可欲性则往往是理念的结果(Heinelt and Bertrana，2011：18)。本文一个基本假设是，在希腊，为职能重构而实施的单一的、自上而下的改革政策，在市级层面产生了偏离性的结果与反应，除此之外，这种改革还依赖于地方环境与主流观点、相关的行为主体以及权力策略。

在很多情况下，希腊的职能重构改革是由欧洲化的外部因素引起甚至是设定的，这种因素通常是鼓励权力下放过程的，并且伴以对地方发展新型社会服务的资金支持。特别是在20世纪90年代，向社会服务的欧洲标准看齐的发展势头，标志着地中海国家进入了一个公众期望不断提高和财政承诺不断增加的时期(Lyberaki and Tinios，2014：194)。然而，由于过时的政治和社会结构的影响，欧洲化往往会导致职能失调的结果，这通常要靠增加公共支出来解决(Featherstone and Papadimitriou，2012)。权力下放政策主要包括在没有相应资金和税收职责授权情况下移交行政任务，这将会增强地方对税收和财政管理的政治责任。

危机爆发之后，职能重新调整在相反方向上推进，资源、任务和程序的集中化，现在显然被希腊以及超国家的决策者视为一项恰当的政策选择。2013年，市政警察部门被废除了，他们的绝大部分职责被转移给了国家警察部门。稳定和紧缩政策与财政政策以及控制机制的广泛集中化结合在一起(包括决策制定的具体标准、严格的执行控制等)。财政政策的集中化成为优先选项，是出于时间的压力以及人们认为这能够降低执行中的不确定性。国家拨款前所未有的削减，再加上禁止在市级进行横向融资以及严格的财政制度，所有这些都危及近年来被移交下来的服务的可持续性。在许多领域，服务的绩效要求与可供利用的资源之间出现了明显不对称，显示出不同部门的权力下放政策与横向的、全面的紧缩政策以及财政再集中政策之间存在矛盾。权力下放与权力集中都是由欧洲化引起的(虽然是在不同时期)，它们之间的矛盾表明，“一体化原则”(Lenschow，2002)——在某些欧盟政策领域(环境政策)已经建立起来,意味着欧盟政策不应该相互矛盾和/或相互损害——在这里显然是缺失的。

本文首先回顾希腊的权力下放政策,然后分析具有典型性的儿童保育案例,选择这一案例是因为到目前为止,就资源与影响而论,它是最重要的社会服务项目,是由市政府提供的,并且主要是通过欧洲政策被移交下来,勉强维持了数年。为了评估自治市的儿童保育服务,我们会运用量化数据来探究市政府是否设法增加了儿童保育服务的供给。然后,根据2013年5月的民意调查,进一步研究公民对市政府的儿童保育服务的满意度得分是否高于其他仍由国家机构供给的社会服务。2012年,自治市的儿童保育服务由于缺少国家资金而濒临破产,不过服务项目还是暂时被保留了,因为中央政府动用了额外的欧盟资金。

本文要调查研究的第二领域是财政政策的集中化,即对市级财政管理的最大化控制,以及使市级财政自由裁量权最小化。对这些财政整顿政策的评估,首先是关注一般概况,即反映在现有数据中的地方政府财政的总体水平。其次是进一步考察微观层面:是什么因素造成了不同的市对这些政策回应性的差异?在市级层面,这些自上而下的政策的实施结果是非常不同的。因此,我们会对面临债务问题的市政府进行案例研究,以揭示在严格的自上而下的紧缩政策和集权式的财政管理模式下,地方治理中的背景状况、主流意见以及具体的相关行为主体的影响。最后是利用具体的经验和对权力下放(儿童保育)与权力集中(财政管理)政策这两个案例的评估,针对紧缩时期职能改革增加或减少的限度问题,本文将尝试给出一些初步的结论。然而,应该指出的是,面对财政压力,对改革做出重新调整,其主导方向和限度是什么?要得出此问题的普遍性答案,我们还需要对更多政策领域进行调查研究。这是未来研究所面临的挑战。

二、权力下放改革述评

与其他南欧国家类似,20世纪70年代独裁统治的垮台,尤其是在80年代成为欧洲共同体的成员国,标志着希腊开始了一个旷日持久的权力下放时期。由于中央集权制被视为是第二次世界大战后威权主义国家实践的一个核心特征,权力下放就被认为是民主化的一个工具,能使决策制定更贴近公民并增强问责制(Spanou and Sotiropoulos,2011)。另一个更为重要的驱动力是欧洲化,这强烈刺激了权力分散,主要是通过资金和管制、政策设计和制度同构来实现(Spanou,2008)。

权力下放的努力最初遵循的是一种渐进改革的模式,通常是为了对欧盟提供刺激和机会的政策给予回应。初始条件对某些类型的社会服务有利，即在希腊的福利国家框架下明显被忽视的那些服务（正规的儿童和老年人保健、整合残疾人服务等），这些服务也很容易被下放，因为它们在国家的社会政策中处于次要位置。而且，要求和愿望未得到满足的一系列行为主体对此也有着积极的预期：社会弱势群体、有雄心的地方政治官员和未充分就业的专业群体（如社会工作者、儿童保育员和老年人护工），能够在这个分权过程中找到自己的生活观照。

1998 年，一项全面的综合改革有望为新的权力下放努力铺平道路。然而，与此同时，把市合并为更大的单位，在理应控制公共债务以达到马斯特里赫特标准（Maastricht Criteria）这样的时代，似乎增加了财政风险。对地方政治官员的不信任也导致了对地方财政管理的国家干预主义，包括逐渐转向集权的财政控制模式。但事实上，这些控制只关注形式的东西，被证明是无效的。而且，许多市政府会设法通过市营公司的灵活运作规避这些财政控制，通过这种公司，市政府转移了其支出的很大一部分（Cuadrado-Ballesteros et al.，2013）。

2010 年雄心勃勃的、全面的“卡利克拉迪斯”改革（Kallikratis Reform），把在 325 个城市（居民人口达 3.5 万）进行的第一层级地域调整、在 13 个地区进行的第二层级地域调整与战略性的职责再分配结合起来：新的市将会提供广泛的更加贴近公民的服务，与此同时，新的地区也将在发展政策中承担重要的角色。相应任务的下放本应分三波依次展开（2011 年，2012 年，2013 年），其中包括许多责任。当第一波（2011 年）和第二波（2012 年）的权力下放按照初始日程完成时，第三波（2013 年）却因缺少资源被搁置了。

就在危机前夕推行的政府重组改革（Kallikratis Reform）包括一揽子财政约束和控制措施，这些措施后来发展为一系列严格的规则和程序（包括实时监控），自 2010 年 5 月开始又增加了紧急援助协议。于是，前所未有的经济危机和严厉的紧缩政策好像给了旷日持久的“权力下放时代”一个不如意的结局。另外，集权模式看来促进了紧缩政策的快速实施。

三、儿童保育服务的下放

地方政府对社会要求和愿望的高度回应性有着悠久的传统，这通常在希腊的公共争论中被用作支持社会服务权力下放的一个论据，至少从 20 世纪七八十年代就开始了。后来，欧盟的政策和资金通过各种不同形式的物质支持大大强化了这种论据。公共的儿童保育服务是一个特别有意义的案例,因为这项服务以前在希腊是极其薄弱的:在多数情况下,非正规的儿童保育(尤其是由祖父母提供的)曾经是(现在仍是)满足父母和孩子需求的主要方式(Lyberaki and Tinios,2014)。但是,希腊政府预料到,在传统的家庭和社区网络之外,对儿童保育服务需求会快速增长。随着前所未有的人口与文化(价值观)的变化:离婚率攀升,快速城市化,尤其是妇女大规模进入劳动力市场,社会背景已发生了改变。到20世纪90年代晚期,承担该职能的福利部试图扩展国家的儿童保育机构,以满足这些日益增长的需求。然而,在一个不断增长的私营家政服务市场环境下,大多数儿童保育机构是私人的、营利导向的小企业。低收入的上班族父母不得不依赖传统的或简易的支持网络。

根据最近"欧洲改善生活和工作条件基金会"(Eurofound,2014:15)的分类,在四种主要家庭政策类型中,希腊属于"最传统"的(以家庭为中心)一类国家(还有保加利亚、爱沙尼亚、西班牙、克罗地亚、意大利和立陶宛)。这一类国家的特征是几乎没有孩子得到全托服务,一般是亲属照顾孩子,以及相当低的女性就业率。[1]根据经合组织(OECD)的资料(European Commission,2013:15),希腊是幼儿保育占公共支出比率最低的国家之一(少于GDP的0.2%,而丹麦是1.3%,意大利是0.6%),而且由父母承担的育儿费用占平均工资的比率也是很低的。这两个研究结果表明,家庭成员的无偿工作涵盖了绝大部分保育服务(Lyberaki and Tinios,2014)。为了追求诸如改善生活与工作条件、社会包容以及增加父母尤其是妇女的就业率等政策目标,欧盟在2002年设定了"巴塞罗那峰会"(Barcelona Summit)目标。儿童保育机构供应率要覆盖33%的3岁以下儿童,以及90%的从3岁到学龄的儿童。然而,几年之后,正规的公共儿童保育机构的覆盖率在不同国家仍然不一样。2010年,在欧盟15个国家中,3岁以下孩子的入托率从8%(希腊)到78%(丹麦)之间不等(European Commission,2013:7)。

不过,回望20世纪90年代的状况,公共的托幼基础设施还是有了很大发展(见表1)。欧盟就业战略的实施,以及通过第二和第三期社会支持框架(Community Support Frameworks)获得的资金,帮助扩展和改善了儿童保育的公共服务,这在希腊是协调(家庭与就业)政策的基石。当然,这种公共儿童保育机构的显著发展,主要归因于欧洲的资金和激励,还有一部分原因是地方政府的更高回应性(ADEDY,2014)。实际上,儿童保育机构从福利部授权给市政府,从1997年就在志愿基础上开始了,因为市议会正式决定申请儿童保育机构(包括建筑及设备、专项补助金和工作人员)的转接,是一项受法律保障的先决条件。1998年的城市合并似乎促进了这种授权程序。新的、更大的、更强的市政府能够更容易地整合这些转让的儿童保育机构——归根结底，承担额外责任和吸收更多欧盟资金很明显被纳入地区改革目标当中（Hlepas，2010）。2001 年，法律规定必须把儿童保育机构下放给市。

表 1　　公共的儿童保育机构（1997—2013 年）

年度	职责	保育机构数量	儿童的数量	学龄前儿童的比例
1997 年	福利部	1 400	55 274	9%
2002 年	市政府	1 531	63 050	11%
2008 年	市政府	1 751	78 272	13%
2013 年	市政府	2 300	115 000	20%

资料来源：Own elaboration from Confederation of Public Servants（ADEDY，2014），Elliniki Etaireia Topikes Autodiekesis（EETAA，2003）and Central Association of Greek Municipalities（KEDKE，2010）。

意识到对儿童保育服务日益增长的愿望和需求，加上有欧盟提供多种资金的可能性，从 1997 年到 2013 年，地方政府设法扩大了儿童保育服务覆盖率（幼托机构增加了 60%）和享受这种保育服务的儿童数量（增长超过了 100%），见表 1。如今，市的儿童保育机构雇用了 11 000 名工作人员，占到了市政社会服务雇员的 50%（2013 年是 22 000 人）和市政全部工作人员的 13%（83 459 名雇员）（ADEDY，2014）。[2]这些数字反映了市级儿童保育服务的显著增加，17 年前这项服务在各自治市中甚至都不存在，而现在却成为市政服务供给中最重要的内容之一。

当然，儿童保育公共服务的比率在不同年龄段的孩子中是不同的。接受儿童保育公共服务的意愿也是由文化来决定的，这就是说，它依赖于社会规范认为多大的儿童才“适合”家外保育以及才有可能被保育院接受（Eurofound，2014）。在希腊，只有 10%的 0～2 岁的孩子使用正规的儿童保育服务设施（公共的和私人的正规保育服务都算上），而这个比例在 3～6 岁孩子中则攀升到 60%（European Commission，2014：7，9）。另外，应当清楚的是，对正规儿童保育服务的需求不仅仅是文化的结果，而且由一系列复杂因素决定。失业率、双职工的比例、产假长度、保育机构的营业时间，都是一些影响因素。替代性儿童保育服务可供选择的情况也很重要，像祖父母或其他非正规的设置，如廉价的儿童看护员（通常是一些非法移民提供）。金钱承受能力也是影响父母保育服务决策的重要因素，而另一个重要参数当然是提供保育服务的质量。

自治市儿童保育的评估和前景

强调家庭尤其是母亲对儿童福祉起重要作用的文化，往往会对正规的儿童保育服务更加挑剔。由于这个原因,关于父母对正规儿童保育服务满意度的全国比较,就应该把这个文化因素认真考虑进去。例如,根据第三次欧洲生活质量调查(Eurofound,2012:120),希腊人感受到的儿童保育服务质量在所有欧盟成员国中是最低的。希腊人对于其教育系统、长期保健服务、社会住房供给乃至相对比较丰厚的(对某些群体)希腊养老金制度等的满意度,在欧洲国家中也得分最低或者倒数第二。国家背景很明显决定了民意调查中受访者的倾向和效用感知。因此,父母对儿童保育公共服务的满意度水平,理应与父母对该国其他公共服务特别是其他类型的社会服务的满意度水平进行比较。如果儿童保育服务的满意度得分相对高于国家的社会服务满意度,那就明显意味着正规的儿童保育服务的下放,是公共服务权力下放的一个"成功案例"。

根据2013年5月所做的民意调查,公民认为地方政府是在危机时期向公民提供援助的最重要的机构之一(Metron Analysis,2013)。[3] 43%的受访者宣称自己对市的儿童保育服务是"满意的",然而,只有28%的受访者对国家社会服务和高度集中的教育体系表示满意。对市儿童保育服务的满意度在雅典(只有30%)远远低于全国平均水平,这座城市受到经济危机严重影响并且面临着社会冲突。公民满意度在色雷斯(Macedonia and Thrace)的北部地区攀升到51%,在伊庇鲁斯和爱奥尼亚群岛(Epirus and the Ionian Islands)的西北部地区甚至达到了54%。由于当地环境、政策的优先次序、相关的行为主体,以及其他多种因素的缘故,不但在不同地区出现了绩效的显著差异,而且在不同城市也有这种差异。

值得一提的是,绝大多数受访者(88%)建议社会服务进一步下放,有73%的人要求把更多的儿童保育责任转交给市政府。还值得一提的是,53%的被调查者宣称市长是和公民距离最近的政务官员,他们相信,即使国家拨款大幅度减少,市政府会坚持提供同样水平的服务(Metron Analysis,2013)。市政儿童保育服务在输入方面变得更强了,以及其在业务量和输出方面的合理性等,的确在这些实证研究结果中都反映出来了(Kuhlmann and Wollmann,2011)。

然而,危机状况增加了地方政务官员的压力,因为国家补助金被削减了,而对公共儿童保育服务的需求却增加了(无法负担起私人的儿童保育服务的父母更多了),而且市政府减少了儿童保育费。因为在很多情况下,私人收入在4年内减少了35%,儿童保育服务变得无法支付了。地方政府所遭受的前所未有的财政压力和严格的财政制度与控制,导致了地方领导者继而反对"没有资金和资源的职责下放",并对低质量服务以及公民要求得不到满足"推卸责任"。市镇联合会声称,中央政府集中了资金,却下放了社会服务的担子(ADEDY,2014)。这两种反向政策的结合(放权和集权）从两方面给市政府带来巨大压力：他们不能不对严格的财政整顿政策做出回应，同时，又必须对急剧增长的社会服务需求进行回应。有些市长要诉诸法院来对抗国家在儿童保育领域削减补助资金。他们援引《希腊宪法》（第 102 条第 5 款规定，任务的下放必须伴以必要资金）和《欧洲地方自治宪章》（第 9 条第 2 款）都提出保障的连带性原则，指出地方政府的财政资源应该与法律规定的职责相称。在一系列决策（389/2010，506/2010，2599/2011）中，国务委员会决定，进一步转交儿童保育机构或其他职责而没有必要资金，将是违背连带性原则（对等性原则）的。

事实上，因为国家资金前所未有的缩减（见表 2），现有的市级儿童保育公共服务在 2012 年濒临崩溃，它在 2013 年和 2014 年利用额外的欧盟资金得到了暂时的挽救。然而，很显然目前国家资金还看不到希望，作为初步援助的欧盟基金也不是可持续的解决办法，而中央施加的财政限制更没有给市政府留下自由裁量权以通过自己的方式来给儿童保育服务筹集资金。因此，一个权力下放的成功案例，受到了“无视地方实情的”、自上而下的紧缩与财政集权政策带来的生存性威胁。

表 2　　市政府的收入（＋）、支出（－）和结余（2007—2013 年）

	2007 年	2008 年	2009 年	2010 年	2011 年	2012 年	2013 年
收入	＋5 881	＋6 509	＋7 567	＋5 896	＋6 910	＋6 724	＋5 866
支出	－6 014	－6 675	－7 651	－6 465	－6 393	－6 077	－5 586
结余	－133	－166	－84	－569	＋517	＋647	＋280
现有债务				2 055	1 918	1 730	1 027

资料来源：Ministry of Finance，state budgets 2008－2014，Ministry of Interior。

四、财政政策与监督的集中化

市政府财政管理传统上是地方自主权的范围。市议会作为地方代表机构，是民选产生的最高机构，负责监督地方财政管理和所有涉及预算的重要决策。不过，地方政府的行为和决策是否合法却受到国家的监督（宪法第 102 条第 4 款）。市政府被剥夺了税收自主权，大部分市政收入（65％）由国家拨款予以提供。正如宪法对所有公共法人机构所规定的那样（宪法第 98 条），审计院对市政开支进行事后控制。

（一）第一波制度变革

在相当长的时期里，市政府财政管理好像没引起过什么重大风险，因为大多数财政管理的规模都很小，处理微不足道的金额，市政府借款受到严格限制,而国有"贷款和存款基金"是专属债权人。在1998年合并改革之后这种状况发生了彻底改变(Hlepas,2010),这时市政府规模变成原来的六倍,而且地方政府能够进入私人借贷市场。很快,审计院(针对每一笔支付单,除了工资总支出)的事前开支控制引进到一些比较大的自治市。后来,这种事前的开支控制扩展到所有的辖区居民超过5 000人的市镇,这意味着有85%的市镇把其支出置于地方审计控制之下。2007年,数千个支付订单,总额达到30亿欧元(超过地方政府总支出的60%),通过了审计院的事前控制,审计院最后取消了控制总额的2%(Court of Auditors,2007)。从占国家GDP的比例来看,市政府支出的增加(从1995年的1.98%到2009年的3.09%)是由于职能的追加、人员的增加,以及——最后但同样重要的——欧盟的资金;然而,它在欧洲仍然是地方开支占GDP比例最低的国家之一(Dexia Credit Local Research Department,2008)。

虽然市政府支出受到控制,甚至有时是严格控制,但是人们越来越担忧一些债务不断增多的市镇,对于那些财政状况没有统计记录的市属公司,则担忧更多。2008年,一部关于"国家预算和公共支出控制透明度"的法律(Act 3697/2008)追加了一些义务,此法适用于"一般政府机构",包括地方政府。更确切地说,地方政府必须向一个部际委员会(Inter-Ministerial Committee)呈交"操作计划",包括多年度的预算,以及提供执行这些预算的具体数据资料,以便该委员会确定在计划内应该采取的具体措施。但是,在接来下的几个月里,因为地方政府联盟的强烈抗议,这个财政监督的集权体制没有被激活。

到2009年年末,官方公共赤字的估计和国家统计局的统计数据遭到质疑。很快,对2009年预算赤字的估计就得以修正,几乎是已有估计值的两倍,从占GDP的6.7%变为12.7%。由此,投资者信心下降,主要信用评级机构对希腊债券的一系列信用评级都下调了(Roscini et al.,2011)。在几周时间里,现金存款的重要部分都撤离了这个国家。

(二)危机使改革议程扩大

然而,经济动荡并没有阻止政府展开地区和职能重构的"卡利克拉迪斯改革"(Kallikratis Reform)计划。不过,即将到来的危机给改革蒙上了阴影,虽然一些改革选项初见成效,尤其是财政管理上:第3853/2010号法案(所谓的"卡利克拉迪斯改革法")规定,由审计院对所有市政府的支出单据和市政合同进行事前控制。而且,大多数市属公司也第一次在支出和合同方面受到审计院控制。这种复式记账会计制度成为所有地方政府的一项义务,而新的贷款只允许投资于旧贷款或为旧贷款再筹资。"卡利克拉迪斯法"(Kallikratis Act)规定,市政府在面临某些财政难题时(无能力制定平衡预算，偿债率超过年度收入20%等）应加入一个“经济恢复特别计划”。加入这样一个“恢复计划”将能获得特殊资金，但是，与此同时要符合如下要求：招聘冻结，拿出预先确定预算选项、具体的实施计划，以及接受内政部中央审计委员会的监督。

“卡利克拉迪斯法”还规定，负债过多的市政府要强制执行“恢复计划”。内政部长可以通过独立会计师启动对市政府财政状况的全面审查。最后基于这些审查报告，中央审计委员会决定受到仔细审查的市政府必须采纳和实行这个“恢复计划”。特别是后者，强制版的“恢复计划”再次激起了来自地方政府联合会的抗议。他们指出，市政府债务只是占希腊全部公共债务的很小一部分（不足1%）（Dexia Credit Local Research Department，2011）。因此，国家应该限制把地方财政政策强加给自治市，这些市享有宪法保障、拥有自己直选的且负有民主责任的政治领导人和代表。毕竟，各个市的人均债务在2010年只有157欧元，而希腊政府的人均债务则达到了31 818欧元。

（三）中央集权制的优点

市政府债务只占全部公共债务的很小一部分，这仅是全部真相的一部分。有一些重要的大城市（如港口城市比雷埃夫斯）则面临着严重的过度负债问题。而且，相当多的地方政府根本不能向私人供应商和承包商支付资金债务，这也导致了大量（绝大多数是中小规模的）公司的资金流动性的严重问题，这些公司本已在危机时期就很有压力了。这种通过“逾期偿付或者不偿付”向供应商借贷的非法操作，在希腊多数公共实体机构中相当普遍。

2012年财政政策按照与“三驾马车”（Troika：欧盟，欧洲中央银行，国际货币基金组织）的特殊协议，包含有提供给公共实体机构的近60亿欧元的一笔钱，用于支付给供应商和承包商以及偿还他们的逾期债务。总之，有197个自治市（一共有325个自治市）申请了这笔资金，而中央政府批准了6.9亿欧元。中央政府还以这种方式偿付了自治市由于一般补助资金减少而导致的部分收入损失（与2009年相比，2013年减少了60%）。要想得到补助金来偿付逾期债务，有一个重要条件：每个自治市必须向内政部提交承诺、签署协议，保证自治市的财政责任从现在起要马上履行，将来不再产生逾期债务。

2012年，新的财政战略中期框架（MTFS，见财政部，2012）要求建立一个地方政府财政管理监测机构（Observatory for Local Government Fiscal Management）。这个机构具有协调各种监督职能，商定目标并确保相应的预算得以执行。而且设计了新的预算流程，目的是把地方政府整合进这个中期规划框架:地方政府预算要受到这个监测机构的审查,在执行它之前应该接受评估和调整,使之具有可行性并与财政战略中期框架的规划相一致。这个监测机构最后是通过第4111/2013号法令(第4条)设立的,是内政部财政理事会支持的一个委员会,由财政法官和高级公务员组成,同时还包括地方政府联合会的代表。这个监测机构协助平衡预算的准备工作;而且,跟进预算执行情况并详细说明有关要求和命令,以此保障财政整顿和地方政府的总体经济活力。预算执行以月度为基础进行审查,而以季度为基础来运作的"统一行动框架",包括由地方政府自己规定的月度和季度目标,以及行动与限定日期也要受到监督。在与季度预算目标有超过10%的负差距情况下,这个监测机构会进行干预并给地方政府提供指导和意见。如果预算执行在随后两个季度中持续偏离,特定措施没有得到有效实行,地方政府就会被纳入强制性特殊巩固方案之中。

但是,到现在为止,并没有这样的情况被记录在案。即使在预算持续偏离情况下,这个监测机构仍倾向于采用劝说这样的"软"方法。监测机构对一些问题和情况的强制性意见提交给了所有实体机构(一共有893个),在2004年,甚至有时包含了一些对预算草案的指导建议。然而,这个"监测机构"的制度化以及其他中央财政控制机制,包括一些强制性措施,面临着来自地方政府联合会的强烈抗议。反对者声称在中央政府层面,决策制定的"集中化是前所未有的",这废除了地方政府在自己预算上的政治自主权。地方政府全国联合会诉诸高等行政法院(国家委员会)反对这个监测机构的法令。他们声称这个机构侵犯了宪法保障的权利,尤其是有关地方政府运行与经济自主性的条款(宪法第102条第2款)。最后,该法院(第1716和1717/2014号决议)裁定,这个监测机构的法律条款没有侵犯地方政府的财政自治。这个新的制度将限制在指导和建议上,而自治市和地区议会仍将有足够的自由裁量空间。另外,该法院指出,通过希腊政府、"三驾马车"[4]以及欧洲合作伙伴之间的国际协定施加的财政目标,将会对一般政府的所有机构都有直接的约束力。

虽然有这种自上而下的政策和权力集中化制度,但不同的自治市在财政政策和管理上的差异问题仍然存在;毕竟,甚至还有一些面临着财政问题的自治市,在2013年选择不接受特定补助资金来偿还逾期债务,为的是避免承担后续的责任。这种差异性问题不仅给国家财政整顿带来了麻烦,而且多年以来,不同自治市的财政政策和运作显然困扰着商业社团与潜在的投资者,他们经常会在地方政治官员所造成的不确定的环境中遭受挫折。为了保护商人和自由职业者不受那些不可靠的和破产的地方政府侵害而呼吁"公共干预"的声音,在危机期间变得更响亮了。由此,地方政府统一的、受到中央集中监控的财政政策和管理并不缺少有影响力的支持者，正像公众对自治市和地区的信任度急剧下降所显示的那样，甚至更广泛的公众也对地方政府提出了更多的批评（参见 Eurobarometer statistics in ADEDY，2014）。

所以，毫不奇怪的是，在“三驾马车”强大的外部压力条件下，即使有强烈抗议，像“监测机构”这样的组织还是最终在 2013 年付诸行动。毕竟通过以前的措施，地方政府财政的巩固在 2011 年已经很明显了，到 2012 年就更加明显了（见表 2）。因此，最初看来，国家针对地方政府施加的紧缩政策（摆脱债务、平衡预算等）产生了“积极的效果”。

（四）深入分析：财政整顿的案例研究

不过，这种在宏观层面上的成功景象并没有包括自治市的服务范围和质量这些内容，自治市层面的成功图景应该是，由于经济危机的缘故，“要以更少的花费，给有时是更多人群提供同样水平和质量的服务”（ADEDY，2014）。而且，财政整顿方面的市政表现因地而异，就如同整顿措施在地方上的成效那样。因此，评估这种自上而下的财政整顿政策的成果和新的中央监督与协调机制的结果，就必须关注对真实案例的研究以及对案例的深度分析，以此强调相关背景和相关行为主体的影响。

一项各自实施的、希腊—德国双边项目“危机时期政治体制改革”正在考察从两个国家选择的实施财政整顿的 10 个案例研究（Heinelt and Stolzenberg，2014）。第一个阶段是“案例历史”重构。这个项目对于债务和财政整顿的不同含义（内涵、评价和信息）运用了文献分析技术，同时也运用了跨学科的方法。文献包括大量文本资料（预算、审计报告、市政机构的会议记录，媒体报道等），以及在特定案例中对所选定的行为主体和利益相关者（地方领导者和政务官员、行政管理人员、市民和企业人员、新闻记者等）的标准化访谈，还包括对国家层面上的一些关键人物（政务官、行政管理人员、专家、企业界和银行界的代表）的访谈。相关文件都被囊括在一个共用数据库中，在那里被系统处理和进行比较评估。除了对选择出来的文件进行定性的内容分析而形成分析性分类之外，还要进行“论证分析”，目的是确定因果关系和论证模式。

在希腊的 6 个案例中（雅典、比雷埃夫斯、佩特雷市、沃洛斯市、马洛斯市和尼凯阿一雷迪市），“案例历史”的重构显示，地方对自上而下的集权式财政政策回应是颇为多样化的，对这些资料的初步分析也似乎确证了这种高度差异化的图景。有一些城市（尼凯阿一雷迪市、雅典、佩特雷市、马洛斯市）想方设法地去充分利用额外补助资金、财政技术和具体指导意见，而另一些城市却相当谨慎和持怀疑态度，甚至仅限于被动地实施那些无法回避的政策（例如比雷埃夫斯市）。财政整顿并不是在所有的地方都同样地成功,因为它不仅依赖于市领导的回应,还依赖于当地的背景与环境状况,以及当地政治文化与当地市民社会。例如,在比雷埃夫斯市,虽然这个“大型港口”的经济环境好像能够为财政复苏提供更多机会,但是其债务减少并不像在邻市尼凯阿－雷迪市那样可观。尼凯阿－雷迪市是一个工人阶级的城镇,遭受到巨大的债务负担,失业率很高。很显然,它的成功与一系列因素有关。有管理能力、有远见的领导层,与具有悠久的团结传统和地方凝聚力的积极平民阶层相互合作。在这个城镇中,对于国家的财政整顿援助和所提供的专门知识,其重要行为主体的普遍态度是积极的。大多数地方行为主体把财政稳定性视为经济复苏的必要步骤。同时,该自治市还吸引捐赠和动员志愿者,以保证所要提供的社会服务,在支出安排受制于严格的财政整顿制度的情况下,仍能维持在一个可以接受的水平上。

在比雷埃夫斯市,家长式的、非自愿的、低信任度的态度盛行,这不利于财政政策的有效执行。地方领导者把自己限制在对法定任务的表面遵从,而没有为了财政稳定和社会团结去进一步动员地方行为主体。在这种城市中,到目前为止,市政的社会服务网络几乎无法维持生存。在这种情况下,地方政治官员自然要关注于“推卸责任”和抗议通过集权方法与制度进行的“对地方自由的绞杀”。甚至当其他地方行为主体(如公民协会、商业联盟等)试图积极回应危机时期地方面临的挑战时,这种积极性也由于缺少地方的政治支持而受到伤害。在危机时期,希腊的地方政务官与中央的政务官之间暴露出了前所未有的冲突,一些地方领导者的消极态度很明显受到了这种冲突的影响。政党对地方政治官员的控制从未减弱,一些城市面临着“治理能力”的问题。

政党之间和政党内部的分裂表明,光有这种自上而下的中央集权方式还不够,具有公开、共识导向、自下而上举措的其他不同类型的决策制定模式也应该建立起来。毕竟,上述案例研究分析表明,透明的、包容性的决策制定,以及地方层面具有远见的、负责任的领导层,才是最成功案例所具备的特征,只有这样才能更好地响应国家的财政整顿政策。

五、结果与结论

在危机时期,改革被视为是政治与行政体制在财政压力与激烈的社会挑战这样的极端情况下的生存与适应战略。这种改革试图在两个不同方面实现平衡:一方面,要迅速适应新环境并改善政治与行政体制的无效率状况;另一方面,要重新激活民主的合法性与社会认同。地方政府是政治和行政体系的重要部分,对于民主合法性和向公民提供服务是至关重要的,结果证明它在财政危机面前是相当脆弱的。

本文调查研究了两种相反方向的职能改革（权力下放和权力集中），尝试评估其在危机状况下的改革绩效。把儿童保育服务下放给自治市，是由欧洲政策激发的，遵循着一种“得过且过”的程序和动员了数个行为主体。定量数据揭示了这种服务有显著增加，同时民意调查也凸显出市政儿童保育服务有良好绩效，以及地方政府能够回应公民的需求和愿望。市民喜欢市政府的社会服务而不喜欢一刀切，显然，他们接受甚至赞成服务供给中不可避免的差异性。然而，紧缩政策的一个出乎意料的结果是引发了各市镇的激烈抵制，它们设法阻止了下一步没有资源的权力下放。此外，财政政策使现有的市政儿童保育机构连存在下去都成问题，显示了欧洲权力下放政策和欧洲紧缩政策两者之间的不一致。

我们所调研的第二项职能改革是财政政策和控制机制的集权化，它使得自治市的自由裁量权最小化。除了这样的财政整顿措施，新的集权程序和制度，旨在减少不同地方政府之间在财政绩效上的差异。然而，对案例研究的调查却显示，即使有中央集权模式和自上而下的战略，仍然出现了重大偏差。这说明地方背景、相关行为主体和权力策略起着重要作用，新制度主义行为主体导向的方法被证明是一个有用概念。具有远见的领导层、积极的市民阶层、包容性的决策制定过程，预示着在财政整顿过程中会有良好绩效，而墨守成规的领导层、消极的市民阶层，则预先决定了中央和地方会在任务分担和责任转嫁方面产生无谓的冲突。

项目资助

本研究没有得到过任何公共的、商业的或非营利部门等基金机构的特别资助。本研究部分参考了“回购”项目，该项目在“希腊与德国双边研究与技术合作框架（2013—2015）”下，受到欧盟、希腊和德国的资助。

注释

[1]按照同一项研究（Eurofound，2014：15），其他几类国家是：①“最灵活的国家”（比利时、丹麦、芬兰、荷兰、瑞典和英国），特点是女性就业率高、兼职工作比例高、良好的儿童保育供给，丰厚的假期和福利，以及工作与生活平衡得好；②“以灵活为主的混合型国家”（奥地利、塞浦路斯、德国、法国、爱尔兰、卢森堡、葡萄牙和斯洛文尼亚），其特征是中等或偏高的女性就业率、充足的儿童保育服务选项或者最近做出了提高保育服务的实际努力，传统政策与灵活政策相结合；③“以传统为主的混合型国家”（捷克、匈牙利、拉脱维亚、马耳他、波兰、罗马尼亚和斯洛伐克），特征是女性就业率很低、兼职工作比例低，享受保育服务的孩子少，育婴假长。

[2]还可参见公务员统计数据库（Civil Servants Census Database），网址：http://apografi.gov.gr/。

[3]这项民意调查是在 2013 年 5 月实施的(加权样本为 1 203 名 18 岁以上的受访者,涵盖所有地区)。

[4]按照救助协议,这三个机构审查了救助协议的实施,在每一次分期付款之前逐步评估了稳定性绩效("条件性原则")。

作者简介

尼克劳斯·克米诺斯·赫尔帕斯(Nikolaos-Komninos Hlepas),希腊雅典的国立卡波蒂斯坦大学政治学与公共行政学院副教授,主要研究领域是地方政府和比较公共行政,近期出版物有《作为利益协调者的市议员》,载于 B. 埃格纳、D. 斯威廷、P. 克拉克(Egner B. ,Sweeting D. ,Klok P.)合编的《欧洲的地方议员》(2013)一书(Wiesbookn: Springer VS, pp. 139—159),以及《集权、分权、再集权》,载于 K. 古尔曼和萨扎克(Göumen, K. ,Sazak)的《集权分权再辩论》一书(2014)(Istanbul:IPM/IPC Sabanci, pp. 171—202)。

参考文献

ADEDY (Confederation of Public Servants) (2014) *Survey on the Impacts of the Crisis on Financial Situation, Human Resources and Public Goods in Local Government*. Athens: Koinoniko Polykentro (in Greek).

Court of Auditors (Elegtiko Synedrio) (2007) *Annual Report*. Athens: National Printing Office (in Greek).

Cuadrado-Ballesteros B, García-Sánchez I-M and Prado-Lorenzo J-M (2013) Determinants of functional decentralization and their relation to debt: Empirical evidence based on the analysis of Spanish municipalities. *International Review of Administrative Sciences* 79(4): 701–723.

Dexia Credit Local Research Department (2008) *Sub-national Governments in the European Union. Organisation, Responsibilities and Finance*. La Defence: Dexia Editions.

Dexia Credit Local Research Department (2011) *Sub-national Public Finance in the European Union*. La Defence: Dexia Editions.

EETAA (Elliniki Etaireia Topikes Autodiekesis) (2003) *Survey on State Financial Support to Municipal Day Nurseries*. Athens: EETAA (in Greek).

Elster J (1979) *Ulysses and the Sirens*. Cambridge: Cambridge University Press.

Eurofound (2012) *Third European Quality of Life Survey – Quality of Life in Europe: Impacts of the Crisis*. Luxembourg: Publications Office of the European Union.

Eurofound (2014) *Third European Quality of Life Survey – Quality of life in Europe: Families in the Economic Crisis*. Luxembourg: Publications Office of the European Union.

European Commission (2013) *Barcelona Objectives*. Luxembourg: Publications Office of the European Union.

European Commission (2014) *European Economy. The Fourth Economic Adjustment Program for Greece, Fourth Review*. Occasional Papers 192. Luxembourg: Publications Office of the European Union.

Featherstone K and Papadimitriou D (2012) Assessing Reform Capacity in Greece: Applying Political Economy Perspectives. In: Kalyvas S, Pagoulatos G and Tsoukas H (eds) *The Challenge of Reform in Greece, 1974–2009*. New York, NY: C. Hurst & Co/ Columbia University Press, pp. 31–46.

Featherstone K and Papadimitriou D (2013) The emperor has no clothes! Power and resources within the Greek core executive. *Governance* 26(3): 523–545.

Heinelt H and Bertrana X (2011) Introduction. In: Heinelt H and Bertrana X (eds) *The Second Tier of Local Government in Europe. Provinces, Counties, Départements and Landkreise in Comparison*. New York: Routledge, pp. 1–26.

Heinelt H and Stolzenberg P (2014) 'The Rhinish Greeks'. Bailout funds for local government in German federal states. *Urban Research & Practice* 7(2): 228–240.

Hlepas N (2010) Incomplete Greek territorial consolidation: From the first (1998) to the second (2008–09) wave of reforms. *Local Government Studies* 36(2): 223–249.

Hlepas N and Getimis P (2011) Greece: A case of fragmented centralism and 'behind the scenes' localism. In: Loughlin J, Hendriks F and Lidstrom A (eds) *The Oxford Handbook of Local and Regional Democracy in Europe*. Oxford: Oxford University Press, pp. 410–432.

KEDKE (Central Association of Greek Municipalities) (2010) *Social Infrastructure in Municipalities for Child- and Elderly Care*. Athens: KEDKE.

Kuhlmann S and Wollmann H (2011) The evaluation of institutional reforms at subnational government levels: A still neglected research agenda. *Local Government Studies* 37: 479–494.

Ladi S (2014) Austerity politics and administrative reform: The Eurozone crisis and its impact upon Greek public administration. *Comparative European Politics* 12: 184–208.

Lenschow A (2002) *Environmental Policy Integration: Greening Sectoral Policies in Europe*. London and New York: Routledge.

Lyberaki A and Tinios P (2014) The informal welfare state and the family: Invisible actors in the Greek drama. *Political Studies Review* 12: 193–208.

Metron Analysis (2013) *Survey on Citizens' Opinions on Local Government*. Athens: Metron Analysis and KEDE.

Ministry of Finance (2012) *Mid-term Framework for Fiscal Strategy 2013–2016*. Athens: National Printing House (in Greek).

Ostrom E, Gardner R and Walker J (1994) *Rules, Games, and Common-pool Resources*. Ann Arbor: University of Michigan Press.

Pierson P (2000) Increasing returns, path dependence, and the study of politics. *The American Political Science Review* 94(2): 251–267.

Pollitt C and Bouckaert G (2004) *Public Management Reform. A Comparative Analysis* (2nd edn.). Oxford and New York: Oxford University Press.

Roscini D, Shlefer J and Dimitriou K (2011) The Greek crisis: Tragedy or opportunity? *Harvard Business School Review*, 19 April, pp. 1–36.

Sotiropoulos D (2004) Southern European public bureaucracies in comparative perspective. *West European Politics* 27(3): 405–422.

Spanou C (2008) State reform in Greece: Responding to old and new challenges. *International Journal of Public Sector Management* 21(2): 150–173.

Spanou C and Sotiropoulos D (2011) The odyssey of administrative reforms in Greece, 1981–2009: A tale of two reform paths. *Public Administration* 89(3): 723–737.

Is it the twilight of decentralization? Testing the limits of functional reforms in the era of austerity

Nikolaos-Komninos Hlepas
National and Kapodistrian University of Athens, Greece

Abstract

Economic crisis and rigid austerity seem to have brought a long-lasting period of decentralization to an end. The comeback of centralist patterns offers the rapid implementation of austerity measures, while the lack of resources is challenging the sustainability of decentralized services. There is an obvious inconsistency between European decentralization policies, on the one side, and European austerity policies, on the other. Empirical evidence shows that local authorities were more responsive to citizens' demands for social services, but now municipalities without resources repulse decentralization. In spite of centralist patterns, case studies of fiscal consolidation have revealed a remarkable deviation of municipal responses to top-down fiscal policies. Visionary leadership, active citizenry and inclusive decision-making processes predict good performance, while reproductive leadership and a passive citizenry predetermine unproductive central–local conflicts over burden-sharing and blame-shifting.

Points for practitioners

Our results show that both decentralization and centralization policies are highly dependent on the attitudes and actions of local authorities. In the case of social services, the responsiveness of local authorities brings obvious performance gains. Attempts at burden-shifting to municipalities in times of crisis will, however, most probably face blockades. In the case of austerity policies, top-down unitary strategies with rigid norms and mechanisms cannot rule out performance disparities among the addressees of these policies. The responsiveness of municipalities is highly dependent on local leadership, actors' constellations and the attributes of the community involved. In case of functional reforms, the prior consultation and ongoing assistance of local authorities and involved communities should be a standard practice.

Keywords
childcare, decentralization, fiscal consolidation, Greek crisis

国际行政科学评论

为绩效分权？德国州政府职能改革的定量评估

福尔克·埃宾杰　　菲利普·里克特
Falk Ebinger　　Philipp Richter①

翻译：孙春晖　　审校：杨　柳　曹海军

【摘　要】过去10年，大部分德国州政府都进行了行政改革。所有改革都包括对大量任务进行市政化。同其他地方一样，政府认为社区提供的服务更合算、更有效、更及时。支持这种观点的实证证据并不一致：相当多的案例研究质疑无条件的积极评估。根据所考量的绩效维度和绩效任务，分权的效果似乎有所不同。由于没有更加“客观”的档案数据的支持，结论能否推广也是个问题。我们基于两个研究，为两个不同政策领域的分权效果提供实证证据。因此，本文用更加稳健的结果验证了分权效果的理论设想，为分权效果的研究提供不同的思路。分析表明，对分权效果的积极肯定只能得到部分验证。正如以前案例研究建议的，必须以更加分化的方式来看待分权效果，包括起始条件以及区分各种相关的绩效维度与政策领域。

对实践工作者的启示

在多层级体系内，公共行政的改革者必须决定某项服务最合适在哪一

①　通信作者：
Dr Philipp Richter, University of Potsdam, Political Science, Administration and Organization, August-Bebel-Str. 89, Haus 7, Raum 219, Potsdam 14482, Germany.
E-mail: philipp.richter@uni-potsdam.de

层级实施。在过去的几年中,改革者决定对政府职能进行分权,希望借此造就更加有效、高效的政府。但现实是,在分权的单元中,提供既优质又廉价的公共服务被证明是不可行的。我们为分权的绩效效果提供了实证证据,结果表明,相对于州级服务提供,分权有利也有弊。公共行政改革者必须具体情况具体分析。

【关键词】 分权;去集中化;联邦主义;地方政府;绩效措施;公共服务提供;社会和环境管理

一、引言

过去 10 年,大多数德国州政府都进行公共行政改革,如改变其管理的职能、结构和地区。同其他地方一样,将大量的服务从州分权到地方是最常见的改革措施。几乎全部 13 个州政府[1]都已经或将要把大量的行政工作分权到地方(Bogumil and Ebinger,2008)。这些改革加强了地方政府的职能。表面上看这是州政府和地方政府的双赢:州政府精简了行政机构,严惩了日益蔓延的官僚之风,同时还节约了资金;地方政府(这里特指县一级的乡村县和城市县)增加了新的服务和资源,获得了组织发展的回旋余地,在其管辖范围内扩大了行政权和政治权等。双方都认为,由地方政府提供的服务不仅更便宜,而且效果更好、效率更高,对民众的需求反应更及时。然而有关分权效果的理论观点和实证证据是非常矛盾的(Kuhlmann and Wayenberg,2016)。

人们一直不断地从科学的角度检视德国行政改革实践中各种不同的观念、政治策略、节奏以及同样重要的因素——成效(Ebinger,2010,2013)。此外,人们还从不同的绩效维度、采用几种简洁的定性比较来分析与此相关的绩效影响(Bauer et al. ,2007; Ebinger,2009; Ebinger et al. ,2011; Kuhlmann et al. ,2011; 更多资料见 Kuhlmann & Wayenberg,本刊)。这些案例研究表明,对分权改革的广泛积极评估并没有证据支持(Kuhlmann et al. ,2011:279ff.)。不过至今只进行过案例研究,对改革效果还缺乏具体的量化研究。

因此,本文的主题是分权改革的绩效效果。具体而言,我们确定了三个目标:首先,介绍获取组织绩效的多种方法;其次,以德国为案例,对职能改革是否是改变公共行政绩效的恰当措施进行实证研究;最后,通过对两个截然不同的政策领域——社会服务和工业检查的研究,来验证分权效果潜在的政策依存性和任务依存性。

为了评估体制的影响,我们选择了两种相互补充、数据驱动型的研究方法。首先，从社会服务领域选择一组任务：残疾人诊断，收集与此相关的分权效果的档案证据（Richter and Kuhlmann，2010；Richter，2012）。其次，基于一线工作的工业和劳动监察官的调查数据，进行交叉比较，以便比较不同分权程度的行政机构的绩效。

二、理论思考与实证观察

地方政府的改革有不同主题。多勒里等人（Dollery et al.，2008）区分出机构、职能、财政、司法和组织/管理改革。本文聚焦于职能改革，即“城市政府通过各种方式进行的职能数量上的改变，包括城市政府与其他层级政府间职能的重新分配”（Dollery et al.，2008：7）。职能从州政府转到地方政府可以看作是最深远的职能改革，通常伴有显著的绩效变化。公共组织绩效是一个复杂的、多维的概念（Boyne et al.，2006：6；see also Kuhlmann and Wayenberg，2016）。通常人们把公共组织绩效这一概念分为“经济性—效率—有效性”（economy－efficiency－effectiveness）这一“3E”模型：“经济性”指投入的总成本；“效率”指投入与产出的比率；“有效性”指服务是否达到预期目的（Midwinter，1994：37）。在地方政府绩效演化过程中，由于其在衡量民众反映以及民主结果方面存在局限性，“3E 模型”受到广泛批评（Boyne，2002：18ff.）。因此“3E 模型”不断得到拓展和深化。其中最全面的是由博伊恩（Boyne，2002）提出的涵盖绩效 5 个主要维度、15 个子领域的版本（Boyne，2002：19）。由于地方绩效毫无疑问是多维度的，博伊恩（Boyne，2002：19）将问题确定为：“实践中应用这些评价标准时数据的可获得性是另一回事。”基于同样的理由，本研究中我们使用“3E”模型进行评价，忽略产量和投入的合理性。

（一）理论基础

一个广泛讨论过的观点是绩效效果通常与分权相关联（Kuhlmann et al.，2011；Schakel，2010）。将服务提供下放到地方层面有两方面效果（Houlberg，2010）。首先，地方政府管理较少事务，雇佣较少工作人员，因此工作人员的专业性会降低，同时失去规模经济效益（Swianiewicz，2010）。反之，大机构被认为更有效率和效益（Andrews and Boyne，2009）。其次，大机构在法律的应用上更具一致性，分享职责的机构更少、更加职业化。最后，小机构会更加侧重政策的应对方面。特别是地方的具体环境对决策很重要时，决策任务的高质量完成就大有希望（Faguet，2014；Newton，1982）。不过，反应速度的提升是有代价的：与不通过选举而产生的州政府官员相反，地方政府选举出的领导不得不满足其选民，以便下次竞选能再次当选。所以,向地方利益相关团体提供服务的动机很强(Kluth,2004)。职能服务的政治性会进一步增加跨选区服务提供的多样性,甚至降低职能服务的合法性,特别是服务具有高度的政治性时(Ebinger,2010)。

对职能维度的调整,如从单一目的的机构变为多重目的的机构,或是将职能统一交给一个地方单元,通过两种机制影响产出因素(Boston et al.,1996; Hyman and Kovacic,2009)。一方面,从单一目的机构转换为多重目的的地方政府,可以促进不同职能间的合作和协同(Derlien,1996)。这样相互关联的问题更容易识别、更快地解决(Hult,1987)。另外,规模经济也会带来效率的提高。另一方面,监督者缺乏职业背景也会导致自治专业化和服务质量的缺失(Cohen et al.,2006)。最后同样重要的是,这些效果设想是随政策领域和服务特征的不同而变化的(Hooghe and Marks,2009:184)。

(二)观察和假设:德国分权的绩效效果

德国可以被看作是学习分权政策的学生的现实实验室。其实行的是强行政联邦主义,将联邦法律的履行完全赋予州政府。除了柏林、汉堡、不莱梅这 3 个"市州"外,德国还有 13 个联邦州,其地方政府拥有各不相同的、多层级的行政机构,都受宪法严格保护。而且,13 个州的政府都已经或将要进行公共行政改革,取消大量的职能,关闭或合并上百个行政单元,将职能大规模地分权给地方(Ebinger,2010)。这些使德国州级行政机构成为研究组织效应的理想场所:由斯奈德(Snyder,2001)提出研究次国家的比较研究的方法,其优势可以很好地发挥出来,却没有罗登(Rodden,2004:498)所主张的跨国研究这一研究方法中的缺点。

德国州政府分权效果的科学性主要集中在环境保护方面(Bauer et al.,2007; Benzet al.,2008; Ebinger,2009,2010; Kuhlmann et al.,2011)和福利政策方面(Ebinger et al.,2011; Richter,2013; Richter and Kuhlmann,2010)。利用"3E"模型对库尔曼(Kuhlmann et al. 2011)的最新、综合性的研究进行总结,可以发现分权政策有以下绩效效果。

经济性。节约成本通常被认为是向地方转移职能的主要动机(Bogumil and Ebinger,2008)。通常州政府在责任下放给地方的同时会削减相应的资金。例如,巴登—符腾堡州从 2011 年起降低拨款 20%,节约 7 000 万欧元,实现市镇化的"效率提升"(Bogumil and Ebinger,2005:7)。然而,对于保留在州层面的职能,其财政经费却没变。由于在评价中期和长期效应时存在必要的时间间隔,因法令修订引起的分权职能背景的变化,受益者人数和可获得的消费者付费的变化,这些都使净效益变得模糊。首先要检验的假设 1 是:经济效应(及因政策领域不同而产生的差异)主要是由政治愿望和政治自信带来的，而非分配效应的结果。

效率。关于分权带来效率变化的定性研究文献较多。不同的政策领域结论相差较大。显然，有些职能从分权中的获利多过其他职能。例如，库尔曼等(Kuhlmann et al. 2011)报告，巴登－符腾堡州在残疾人配套服务的分权中，效率提升显著，尽管开始时有些下降。尽管由于职能的分化，失去集中提供的办公室内部的服务、减少建设案例管理能力必需的投资，使得投入产出比下降，但社会职能在地方层面的打包效应最终得到回报。地方上各种社会服务间的横向协同提升，通过案例管理对残疾人提供个性化的解决方案，这些措施降低了成本，增加了资金的价值。总而言之，分权促进了服务提供者之间的交流，触发有意义的投资，这些投资未来会带来可观的效率提升(Kuhlmann et al.，2011:92f.)。

相反地，在巴登－符腾堡州污染和贸易控制这个部分分权案例中，表现出的是负面效应(Kuhlmann et al.，2011:94ff.，265)：由于没有足够的技术员和工程师从政府机构分配到分散的地方实体，经费削减 20%，使职能缺陷更加恶化。大的行政机构可以承受这一变化，而小县市由于缺少技术力量和方法而面临持续的效率下降。结果，分权使行政机构面临严重的政治压力，不得不重新考虑更好的实践。总结起来，分权所节约的经费通常与随之而来的成本和绩效损失并不匹配。所以，要检验的另一个假设 2 是：因政策领域不同，分权对于效率有不同的反应。从长期来看，社会服务可以从分权中获益，而技术职能却很难从去职业化这一过程中获益。

有效性。如前所述，在适宜的条件下分权可使社会政策领域任务执行的效率获益巨大。如果政府具备案例管理能力，所有社会政策因素紧密配合，就可提供更好的服务，整体服务质量也会提升(Ebinger et al.，2011:569)。管理者不仅可了解地方提供商的情况，最终还能学会引导供应，服务的战略性发展成为可能。另外，不同地方实体所提供的实践和服务质量的差异，会因分权而快速扩大(Ebinger et al.，2011:563)。无论如何，分权似乎为整合地方层级的服务开辟了新的机会。

如同对效率维度的描述，在污染与贸易控制审查职能上的分权引起服务提供效率的下降。职能上的大量缺陷来源于高度专业化劳动力的分裂。44 个公共实体每个只能召集 3～15 名审查官。而以前州政府运营的机构能有 50～70 名专家(Kuhlmann et al.，2011:113ff.)。由于每名审查官现在要负责将近 10 个工业机构，他们就不再处于公司专家的水平上。而且，缺乏人力资源和政治支持，导致很多地方实际上停止了审查行为(Kuhlmann et al.，2011:113ff.)。结果是对于服务有效性、规范性和质量的期望都是消极的。因此，假设 3 是：职能社区化可能会提升社会服务的有效性，但对于需要特殊专家的技术职能却有可能造成损失。

三、德国公共福利行政的分权

近期几乎所有的改革都会提到严重残疾人士的诊断(德国社会法典IX)。这项行政职能主要是给严重残疾人士发放所谓的残疾证。申请者必须提供本人健康状况信息和相应的医学报告,行政机构会对这些材料进行审核。然而在社会服务中,这项职能有两个特点是非典型的:第一,对申请人资格的评估基于详细的评价程序,这限制了行政裁量权;第二,即使给申请者发放官方或政府证件,他们并不能立即得到金钱上的利益。[2]因此,这里讨论的是一项独特的职能,与其他职能几乎没有关联,政治意义也很低(Richter,2015)。

早在2000年,这一领域的行政结构就进行过重组。然而,一些州采取激进的方法,完全把该领域从公共服务中撤出,将所有的职能分权出去。首先,巴登一符腾堡州在2005年取消了8个低级单一目的机构,将其职能委派给35个县市。北莱茵一威斯特法伦、萨克森、图林根于2008年步其后尘,把严重残疾人士诊断的职能委派给地方,这成为改革的主导。不过几乎所有州政府都保留了监督职能,而当选的地方议会却没有得到任何决策权力。显然,州政府试图通过行政分权在“摆脱职能”与“保留执行”之间寻找平衡,至少理论上如此。

方法

为检验市镇化的绩效效益,本文采用两种不同的研究方法:首先对北莱茵一威斯特法伦、萨克森、图林根三州的档案绩效数据进行纵向比较分析。这种方法可看作是回答研究问题的捷径,因为因果数据非常接近于安德鲁等人(Andrews et al.,2006:16)所称的组织绩效的“客观测量”。我们采集了3个因变量作为绩效指标:应用持续时长、在野党反对一级决策的上诉案件的胜诉比例、不同地方政府间的行政决策一致性的范围。我们只能选择性地收集指标,因为不是所有州级案例都有这些维度,所以结果的推广受限。而且,数据涵盖不同时间,因为在不同的州,职能改革开始时间和可获取的数据都不一样。不过支持和反对前述假设的证据都有。

经济性。成本节省用对等的全职岗位数量作为评价指标。由于人事是公共行政的主要投入和成本,这个指标特别适用于评价提供服务的经济性。

北莱茵一威斯特法伦政府预测,对严重残疾人士诊断服务的分权会产生协同效应,因为服务被整合到县市层级的管理中。很明显,全职岗位从2007年的895个减少到2014年的658个,而在第一年就有162个岗位空出来(MAIS,2010:64)。然而2009年对财政赔偿法的第一次评估发现,

791 个全职岗位被分派给县市级。这虽然与改革前相比明显减少，但是并没有达到预期中的节约。到 2014 年，目标随之调整到了 759 个全职岗位（Art. 1 Eingliederungsgesetz）。

导致成本节省的因果机制很难追踪，因为成本降低可能来自规模效益，也可能仅仅是因为决策的层级，而与职能完成的效率无关。分权改革的反对者经常反驳说，职能的转移只是为了掩饰隐藏的行为——裁员（Ver. di，2012）。由于为完成职能而给地方层级的财政补偿基于“员工最优量计算”，地方上没有别的选择，只能服从节约的目标以避免财政赤字。进退维谷之间，县市为了得到职能只能先同意财政补偿，之后再上诉补偿金额不足（VerfGH NW 23. 03. 10，21/08）。这说明规模经济最多只占州政府削减资金的一部分。的确，只要津贴在客观上可重新安排，政府就有很大的自由裁量权，北莱茵－威斯特法伦宪法法院可以分享地方的利益，却又对它们实施管理（VerfGH NW 23. 03. 10，21/08）。

另一项法庭裁决——图林根——说明规模经济被高估了。由于随职能转移的成本模糊（LT－Drs. TH 4/3159：39），一个县市就采取法律行动反对州政府，声称转移财政不够。以其原有的职员总数为基础，州政府分配 8 个全职岗位的资金给县市，而据县市申述，为完成转移的职能需要 9. 25 个全职岗位（或＋15. 6%）。行政法庭支持这一诉讼，指出分权导致规模经济缺失，原因在于管理操作分散，以及为拉近与公民的距离而上升的交通费用。在这一裁决中，法庭断言分权增加管理成本。与第一个假设一致，我们必须假设分权并不必然带来节约——除非削减是分层强化的。

效率。效率是投入与产出之比，其中投入以全职岗位表示，产出以申请者的总人数作为指标。从表 1 中可以看出，在北莱茵－威斯特法伦，全职岗位的减少伴随的是申请人数的增加。从这一点看，评估应该比只考虑职能执行的经济性更积极一些。但这些简单的指标没有涉及产出的质量。

表 1　北莱茵－威斯特法伦州的雇员数（全职岗位）与申请人数[a]

参考点	全职岗位	年度变化百分比	申请人数	年度变化百分比	每个雇员负责的申请者	年度变化百分比
2007（州行政）	895		576 879		645	
2009（县市级）	791	－11. 62%	651 694	＋12. 97%	824	＋27. 75%

注：[a]分权在 2008 年 1 月 1 日变得有效。

资料来源：Own Compilation. Data：MAIS（2010：14ff. ），LT-Drucksache NW 14/989 and BehStraffG。

在图林根也呈现申请者增多的趋势。如果我们假设,就如同采取法律手段来对抗州政府的地方那样,所有县市的人员配置都有所增加,那么案例与全职职位的比率依然会是负的,同时效率显著下降,最大达到6.5%。在这个研究中,我们不能回答跨政策变化的第二个假设,我们能指出的是在不同的州,效率差异很大。

有效性。职能执行的有效性包括3个方面:形式有效性、提供服务的速度和一致性(Boyne,2002:19)。形式有效性的指标是监督机构反对一级决策的上诉案例中成功案例的百分比。提供服务速度用平均决策时间代表。提供服务的一致性用某一州内不同地方实体所选绩效指标的标准差来表示。另外,某一州内不同地方实体所选绩效指标的范围和标准差在服务提供的一致性上有变化。

谈到巴登—符腾堡州严重残疾人诊断的形式有效性,里克特和库尔曼(Richter and Kuhlmann,2010)报告,2005年的分权导致州层面反对党诉地方政府的胜诉率增加(见表2)。在其年度报告中,这位反对党权威指出,2005—2008年间原告高胜诉率反映了地方行政机构不够勤勉:证据收集减低到"最低水平"(LVA,2008)。换言之,巴登—符腾堡州分权过程中谈判削减的20%的经费是以简化行政程序换来的。不过,并没有发现由地方政治官员不恰当地介入而引发服务质量缺失(Richter and Kuhlmann,2010:405f.)。

表2　巴登—符腾堡州反对党诉第一级决策的胜诉情况[a]

年度	上诉的监督机构	年度百分比变化	胜诉案件	年度百分比变化	配额	年度百分比变化
2003	24 410		812		3.33%	—
2004	22 065	−9.61%	632	−22.17%	2.86%	−13.90%
2005	23 479	+6.41%	900	+42.41%	3.83%	+33.83%
2006	24 042	+2.40%	1.619	+79.89%	6.73%	+75.68%
2007	23 585	−1.90%	1.504	−7.10%	6.38%	−5.30%
2008	24 816	+5.22%	1.479	−1.66%	5.96%	−6.54%
2009	26 336	+6.13%	1.264	−14.54%	4.80%	−19.47%
2010	28 078	+6.61%	1.382	+9.34%	4.92%	+2.55%
2011	27 268	−2.88%	1.099	−20.48%	4.03%	−18.12%
2012	29 349	+7.63%	1.053	−4.19%	3.59%	−10.98%

注:[a] 分权于2005年1月1日生效。

资料来源:Annual reports of the supervisory authority of Baden-Wüttemberg(Regierungspräsidium Stuttgart/Landesversorgungsamt),2003—2012。

方差分析见附录中的表1和表2。

然而，表 2 不仅给出 2008 年前起诉成功的数据，还有 2009—2012 年的数据。显而易见的是胜诉百分比平稳下降，到 2012 年——改革 7 年后——回到了改革前的水平。所以，观察到的胜诉案例的上升只是暂时现象，可看作是一笔交易或是改革的成本。

在调查提供服务速度的变化时，我们使用了来自图林根的数据（见表 3）。这里，分权的总体效果是积极的。2008 年的高峰过后，到 2010 年决策时间已显著降低到 1～2 个月。[3]

表 3　　图林根"严重残疾人诊断"的申请时长[a]

年份	Ø 一类申请的时长（月）	年度百分比变化	Ø 二类申请的时长（月）	年度百分比变化
2004	5.60		5.04	—
2005	5.52	−1.43%	4.84	−3.97%
2006	4.57	−17.21%	3.95	−18.39%
2007	4.82	+5.47%	4.11	+4.05%
2008	6.60	+36.93%	5.73	+39.42%
2009	5.14	−22.12 %	4.53	−20.94%
2010	3.83	−25.49%	3.46	−23.62%

注：[a]机制改革于 2008 年 5 月 1 日生效。Ø＝算术平均数。

资料来源：Supervisory authority（Landesverwalthungsamt）（申请得到）。

方差分析见附录中的表 3。

在图林根地方政府的案例研究中，这一效果主要归因于职能的特征：严重残疾人诊断是一个松散的过程，法律上的自由裁量权有限，对专业的需求少。原来负责此项服务的州级机构中高度分化的人力资源显然不合适。由于能力所限，地方在整合案例管理研究方面选择较少。对于即将转移来的职能，这显然能使处理时间最小化，因为无处不在的管理瓶颈不再拖延过程（Kieser and Walgenbach，2010）。而且，工作人员对新的安排也很满意，因为烦琐单调的责任没有了（Bea and Göbel，2006）。不过，这些结果并不意味着分权必然会导致申请时间缩短。在北莱茵－威斯特法伦，平均决策时间已经低于 3 个月，导致分权后决策时间还有些延长（见表 4）。这一矛盾的现象表明有其他的因素，如内部组织、资源分配也很重要（Krems，2009）。

表 4　　北莱茵－威斯特法伦的平均申请时长[a]

年份	Ø 一类申请的时长（月）	年度百分比变化	Ø 二类申请的时长（月）	年度百分比变化
2005	2.67		2.62	—
2006	2.61	−2.25%	2.59	−1.15%

续表

年份	Ø一类申请的时长(月)	年度百分比变化	Ø二类申请的时长(月)	年度百分比变化
2007	2.78	+6.51%	2.75	+6.18%
2008	3.23	+16.19%	3.26	+18.55%
2009	2.94	−8.98%	2.92	−10.43%

注:[a]机制改革于2008年5月1日生效。Ø=算术平均数。

资料来源:MAIS(2010:42)。

方差分析见附录中的表4。

在提供服务的一致性上,分权过程的一个主要劣势可能是失去不同选区间的一致性。如同在北莱茵—威斯特法伦州所表现出的,这一担心不是毫无根据的:在2007年改革实施后的一年间,原先在11个州级负责机构中积极的行政决策数量在41%～49%,现在52个地方管理机构中为39%～53%(见表5)。由于不同社区间残疾人的数量和需求几乎是均匀分布的,观察到的范围的扩大只能解释为一个州内职能完成的可信度在下降。

表5　北莱茵—威斯特法伦州诊断服务中积极决策的范围[a]

年份	Ø	最小	最大	区间	年度百分比变化
2005	46.52%	41.52%	48.83%	7.31	—
2006	46.95%	40.70%	50.25%	9.55	+30.64%
2007	46.33%	41.67%	49.93%	8.26	−13.51%
2008	46.24%	38.61%	53.07%	14.46	+75.06%
2009	46.26%	39.75%	52.90%	13.15	−9.06%

注:[a]机制改革于2008年1月1日生效。Ø=算术平均数。

资料来源:MAIS(2010:42)。

方差分析见附录中的表5。

这一结果大体上可以被解释为原先11个州级机构中的高水平医学专家被分散到52个地方单元。如同定性分析所述,缺乏有经验的专业人士,加上工作量增加,导致服务质量不均衡地下降。在巴登—符腾堡州也有类似现象。所以,第三个假设只得到部分支持,因为在不同领域观察到相互矛盾的结果。

四、德国工业环境监管和健康安全中的分权

据说，德国行政联邦制为最相似系统设计提供了一个理想背景，这一设计是由斯奈德(Snyder，2001)提出的。然而，从前面部分已明显看出，即使是在如此适合的条件下，行政绩效的数据档案也不可避免地遇到可比性问题。因此，为了分析任务分配的效果，必须找到一个能提供较多比较性案例的综合性研究方法。利用感知数据评价行政绩效是可行的方法。

(一)分析单元与方法

为调查行政结构的影响，我们进行了跨部门间的比较，这一比较涵盖了州政府(许多其他国家也是如此)执行职能的四种组织模型：①单一目的中央机构；②地区性政府；③地区性单一目的机构；④市镇和地区行政机构。学者认为这四种主导组织模型在纵向和横向都有变化。

福利政策在联邦政府随着行政文化和劳动力不同而高度异质，我们转向与工业相关的环境监管和健康安全管理。调查的对象是劳动和环境监督人员。这些监督人员是能受托执行联邦排放控制法案和劳动保护法案操作性职能的雇员。选择劳动和环境监督人员作为分析单元，是由于其独有的特征。首先，对商业的许可和监督程序是现代国家公共行政中最复杂的领域，要求具有突出的法律和技术知识。其次，由于对企业和雇员具有即时影响，这些行政单元的工作充满政治含义。政治官员通常认为政府要么是反商业、阻碍经济发展的，要么忽视对企业环境和雇员的保护(Bauer et al.，2007)。结果，政府结构的影响在这种情景中反而比在其他竞争少、不敏感的领域里更多见。有人认为，对行政的总体感知可看作是可信赖的绩效数据，如果执行的职能是以广泛认知的职业标准为特征的，如同这里的案例。

本研究在2011年4—6月[4]从10个联邦行政机构中收集了500份问卷，组成一个综合性数据集。被试被要求用1～10的量表(数字越大表示绩效越高)对其机构的绩效进行评估，从而得出“3E”模型的绩效维度。[5]

(二)经济性

在执行职能的经济性上(见图1；同时见附录中的表6)，地方层级与单一目的中央机构共同占据榜首，平均为6.6。地区性政府为6.3，单一目的地方机构只有6.2。初看起来，节约似乎是地方政府的美德之一。健壮性非参数方差检验(Welch，Brown-Forsythe)表明四个组之间并没有统计意义上的显著差异。以此为基础，认为成本效应主要是政治引起的第一个假设似乎对精细职能是存在的。

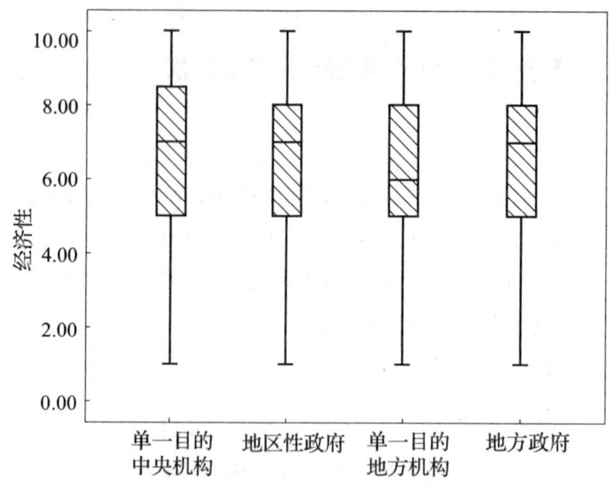

图 1 职能执行的经济性

资料来源:Own data(cf. Ebinger,2013)。

(三)效率

对于职能执行的效率,问卷调查结果令人惊奇(见图 2);总的说来,在国家行政机构工作的一线专家,对其组织的评价略高于地方层级的同事。单一目的中央机构只得到 5.6 分,地区性政府为 5.5 分,单一目的地方机构为 5.2 分。而地方政府只有 4.7 分。韦尔奇和布朗—科西分布检验法(Welch and Brown-Forsythe tests)表明四种机构间存在显著差异。多重比较(Tukey-HSD)和盖姆斯—霍威尔(Games-Howel)事后检验说明显著差异只存

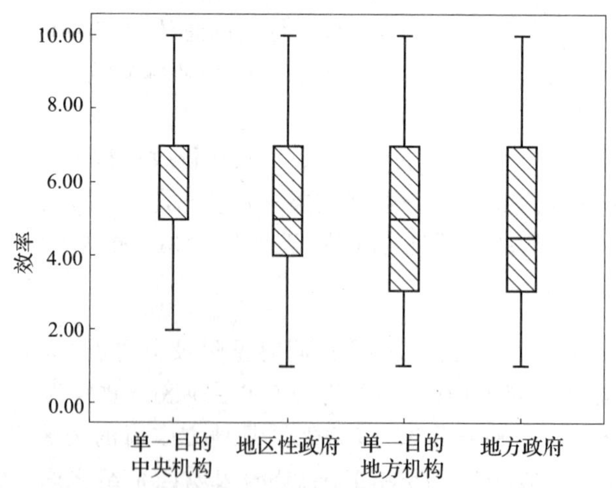

图 2 职能执行的效率

资料来源:Own data(cf. Ebinger,2013)。

在于地方政府与地区性政府之间，地方政府与单一目的中央机构之间——在 0.1 水平。同样显著的是数值的分布：50%的地方政府雇员对其机构的评价为 4 分或更低，25%的人评价为 7 分或更高。显然，执行职能分权程度越高，效率的方差越大。职能集权程度越高，效率越高，感知到的效率差异越小。所以，分析是支持第二个假设的，它预见到分权对技术性职能效率具有负向效应。

(四)有效性

职能执行的有效性有两个指标：职业化水平和服务质量(cf. Chun and Rainey，2005；Kim，2005；Moynihan and Pandey，2005)。职业化水平指行政机构在其领域内应对技术和方法挑战的水平。地方政府不仅分数远低于州级机构，而且分数分布更加分散。地区性政府的分数最高为 7 分，单一目的中央机构为 6.9 分，单一目的地方机构得到平均分 6.8，地方政府的分数比平均分还低 1 分，只有 5.9 分。如图 3 所示，地方政府雇员分布分散，说明绩效和标准的方差大。第一次地，不仅韦尔奇(Welch)检验和布朗一科西(Brown-Forsythe)检验的结果是 4 种机构间差异显著，多重比较(Tukey-HSD)和盖姆斯一霍威尔(Games-Howell)事后检验也表明地方政府与其他机构间存在显著差异。

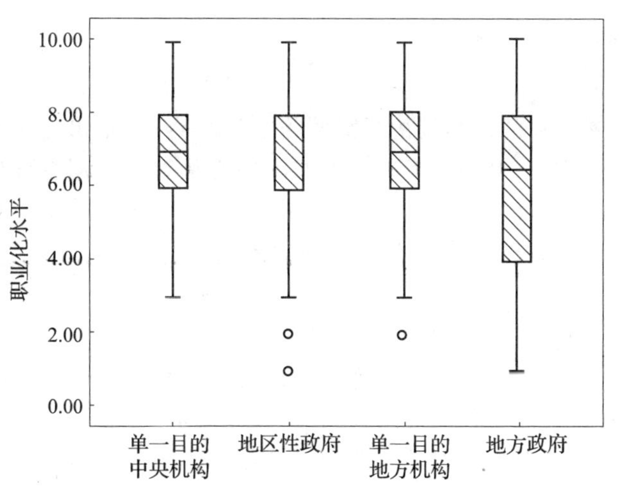

图 3　职能执行的职业化水平

资料来源：Own data(cf. Ebinger，2013)。

虽然地方政府的职业绩效有限，但服务绩效结果却令人惊奇：在其假定的公示纪律中，地方政府只得到令人失望的 5.9 分，排在最后。非参数方差检验在此表明四个组之间差异显著。但多重比较(Tukey-HSD)和盖姆斯一霍威尔(Games-Howell)事后检验发现显著差异只存在于地方政府与地区性政府之间,地方政府与单一目的中央机构之间——在0.1水平。所以,健康安全检查官的自我评价证实了分权对技术职能的有效性具有消极效应的假设(见图4)。

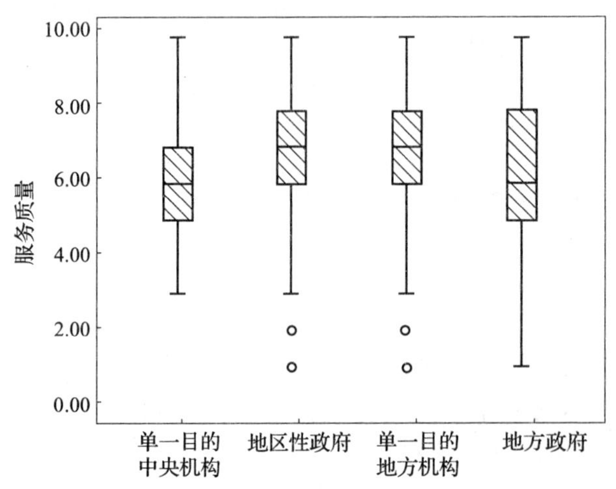

图4 职能执行的服务质量

资料来源:Own data(cf. Ebinger,2013)。

五、方法讨论

虽然本文的目的是利用德国案例的"三角"数据,指出并讨论研究分权效应的非定性方法,但是几个方法上的问题必须讨论。用以分析德国福利管理机构分权效应的档案数据明显是不完整的,因为有些指标只是部分县市的。相较于行政机构内部文献管理的不足、研究者获取数据的局限,这是一个普遍的问题(往往是有意地)。而且从文献分析中抽离出来的指标,只部分覆盖了绩效这一多维度复杂概念。

对于第二个基于问卷调查数据的研究,自我报告绩效指标的效度也有问题,因为被试可能要顾及自己的利益,或缺乏必要的监管。然而,对于任何数据集来讲,说其"客观"都是愚蠢的,从胡德(Hood,2006)的《目标对象的博弈》中,我们也了解到与绩效相关的数据是不容易获得的。另外,感知的数据包含潜变量(cf. Yang and Pandey,2009:338f),可以提供高相关的大样本进行统计分析(cf. Ebinger,2013:188f)。

其次,由于否决权在州政府中有着不同的层级,因此调查问卷的被试样本是随机选取的,并非目标人群的均匀分布,不然取样很难进行。因而必须假设存在非系统性偏见。在州内部,绝对反应率是变化的,反映出规模效应、内阁的支持,以及工会化的比率。至于四种组织模型,不仅与政治中心的距离不同，还存在着第三组因素。观察到的差异可以归因于机构内部职能纵向整合的程度，结果随协同或矛盾的解决方法而变化，负责的部委、机构管理方的(非)直接合法性等众多因素，导致管理文化和实践上的差异。无论如何，由于这些因素是与不同的组织模型相联系的，它们的效果在分析中被全部考虑到了。

六、结论

不仅是在德国，在其他国家中将职能分权到地方可看作是优先的改革战略。从单一目的行政转向多重目的行政，拉近与公民的距离，期望这样能带来一定程度的去专业性和规模效率损失，但是加强跨部门的协同，提供更好的服务。优势被认为多于劣势，预计有绩效收益的(特别的，还有资金结余)。由于定性分析对这些积极评估存疑，本文通过两个定量研究来回应这些期望。选取德国州政府中负责联邦法律执行的管理机构作为实证研究基础。因为分析单元和具体的政策领域不同，两个分析间的直接比较是有限制的，不宜进行概化。

假设 1 声称经济是政治主张的先天性产物，而不是分配的结果。令人惊奇的是，在健康安全检查官中，地方层级的雇员更倾向于将他们的机构评价为最经济的。但这一发现对检验假设毫无用处，因为仍然不清楚这一效应是源于过程的改善还是近期的政治性削减。在严重残疾人诊断案例中，只在三个州中的一个州观察到成本节约——巴登-符腾堡州。在该州迫于政治压力成本节约得最多，该发现一定程度上支持了假设 1。

假设 2 和假设 3 声称分权异质性对其效率和有效性的影响与政策领域相关。第二个分析发现在执行联邦排放控制法案和劳动保护法案中预期的负向效应出现了。这证实了先前的研究，技术性职能要求一定的责任空间以便获取雇员专业上必须的临界点和规模经济效益。而对于社会政策职能，效率提升在不同的州是不同的。这可能是因为职能的特殊技术特征。

对 3 个假设的支持要么很弱要么不存在，对未来研究的政策建议和指导是明确的：作为制度政策的分权和城市化是有差异的，但不能保证全面的正向效果。首先，分权效果在不同的政策领域差异不可能太大。需要对具体职能进行更多样的分类。这说明德国近期实行的将多个政策领域和职能捆绑在一起的“一体化”改革不适合其要达到的目标。其次，职能转移时经济性不会自动出现。成本节约只在严格削减预算时才会出现。因此，为实现双赢而进行的分权谈判并不会得到积极的预算结果。总而言之，有必要进行进一步的研究,实施市政府自治似乎并不像经常说的那样是提高公共服务的简便方法。

资助

本研究未接受来自公共、商业和非营利部门中资助机构的具体资助。

注释

[1]柏林、汉堡和不莱梅三个市州的行政是州、市混合在一起的,故不在考虑之列。

[2]官方认定的严重残疾人士可以间接享受一些优惠,如被解雇保护更高、提前退休、门票优惠等。

[3]只找到 2004—2010 年的数据。改革前(2004—2007)、改革后(2008—2010)没有显著差异,职员和文件的变动会导致申请过程拖延(方差分析见附录中的表 2)。不过专家访谈证实 2010 年出现申请时间缩短的积极趋势。

[4]利用在线问卷进行网络问卷调查。有三个州级行政机构由于政治原因拒绝参加,如计划或近期开始进行行政改革。由于职能组织、雇员人数和参与情况不同,三个州参与调查的绝对人数和比例都不同。由于有些项目未作答,不同问题的作答率也不一样。样本大约有 4 200 名雇员。不过,由于行政人员、后勤人员、受训者、医生的长期人事资料缺乏,同时那些主要职责是检察官,而兼做相近业务如废品降解管理、放射防护的人被从样本中排除,所以,不能确切估计整体参与率。不过总体上约有 500 名被调查者,结论的有效性是有保证的(Ebinger,2013)。结果见附录中的表 6。

[5]题目如下(作者翻译)"请你从以下几个方面对你所在机构的绩效进行评价:经济性、效率、职业化水平、服务质量"。检验表明,改革背景下雇员的重新定位对其绩效评价并无显著影响。为收集改革效果的直接资料,那些在机构和体制改革中有变化的雇员增加一些绩效变化方面的问题:"不同层级的管理机构工作是否避免重复？管理机构的协同是否更为加强？过程是否加快？在满足顾客需求上是否有改善?"不过所有被试组对这些问题的肯定度都相对低(大概只有 4/10),稳健性非参数方差检验(Welch,Brown-Forsythe)表明 4 个组之间没有显著差异。

作者简介

福尔克·埃宾杰(Falk Ebinger),维也纳经济与工商管理大学公共行政与政府研究所助教,他拥有德国波鸿鲁尔大学政治与公共行政艺术硕士学位和社会科学博士学位。他的研究领域包括:组织理论、公共部门比较研究与评价研究。

菲利普·里克特(Philipp Richter),德国波茨坦大学助理研究员。他在政治学专业学习,并于 2009 年获得学士学位。2009—2014 年在德国斯派尔管理学大学做助理研究员,并于 2014 年获得博士学位。他主要教授的课程和研究兴趣包括:公共行政、宏观组织、分权改革和开放政府。

附录

表 1　巴登—符腾堡州改革前(2003—2004 年)后(2005—2009 年)监管机构反对第一级决策胜诉案例的方差分析（短期）

	平方和	自由度	均方	F	显著性水平
组间	8.540	1	8.540	7.262	0.043
组内	5.880	5	1.176		
总计	14.420	6			

表 2　巴登—符腾堡州改革前(2003—2004 年)后(2005—2012 年)监管机构反对第一级决策胜诉案例的方差分析（长期）

	平方和	自由度	均方	F	显著性水平
组间	5.991	1	5.991	4.668	0.063
组内	10.266	8	1.283		
总计	16.257	9			

表 3　图林根州改革前(2004—2007 年)后(2008—2010 年)“严重残疾人诊断”申请时间的方差分析

		平方和	自由度	均方	F	显著性水平
申请 1	组间	1.254	1	1.254	1.858	0.231
	组内	3.375	5	0.675		
	总计	4.630	6			
申请 2	组间	0.780	1	0.780	1.459	0.281
	组内	2.673	5	0.535		
	总计	3.454	6			

表 4　北莱茵—威斯特法伦州改革前(2005—2007 年)后(2008—2009 年)平均申请时间的方差分析

		平方和	自由度	均方	F	显著性水平
申请 1	组间	0.191	2	0.095	3.377	0.228
	组内	0.056	2	0.028		
	总计	0.247	4			
申请 2	组间	0.230	2	0.115	3.265	0.234
	组内	0.071	2	0.035		
	总计	0.301	4			

表 5　　北莱茵一威斯特法伦州改革前(2005—2007 年)后(2008—2009 年)积极决策区间方差分析

	平方和	自由度	均方	F	显著性水平
组间	35.404	1	35.404	31.367	0.011
组内	3.386	3	1.129		
总计	38.790	4			

表 6　　描述性结果——工业相关环境管理与健康安全

	n	平均数	标准差	标准误差	平均数 95%置信区间	
					下限	上限
职业化水平	45	3.478	0.775 7	0.115 6	3.245	3.711
	214	3.516	0.940 0	0.064 3	3.390	3.643
	65	3.438	0.933 4	0.115 8	3.207	3.670
	146	2.949	1.181 4	0.097 8	2.755	3.142
	470	3.326	1.035 8	0.047 8	3.232	3.419
服务质量	42	3.190	0.780 5	0.120 4	2.947	3.434
	212	3.344	0.899 9	0.061 8	3.223	3.466
	64	3.328	1.004 8	0.125 6	3.077	3.579
	144	2.965	1.060 5	0.088 4	2.791	3.140
	462	3.210	0.969 9	0.045 1	3.121	3.299
效率	37	2.824	1.035 6	0.170 3	2.479	3.170
	195	2.759	1.015 8	0.072 7	2.616	2.902
	58	2.603	1.172 6	0.154 0	2.295	2.912
	126	2.361	1.121 9	0.099 9	2.163	2.559
	416	2.623	1.084 7	0.053 2	2.518	2.727
经济性	40	3.325	1.135 4	0.179 5	2.962	3.688
	197	3.185	1.163 8	0.082 9	3.022	3.349
	57	3.132	1.058 7	0.140 2	2.851	3.412
	130	3.292	1.176 0	0.103 1	3.088	3.496
	424	3.224	1.149 3	0.055 8	3.114	3.334

参考文献

Andrews R and Boyne G (2009) Size, structure and administrative overheads: An empirical analysis of English local authorities. *Urban Studies* 46: 739–759.

Andrews R, Boyne G and Walker RM (2006) Subjective and objective measures of organizational performance. In: Boyne G, Meier K, O'Toole Jr L, et al. (eds) *Public Service Performance*. Cambridge: CUP, pp. 14–34.

Bauer M, Bogumil J, Knill C, et al. (2007) *Modernisierung der Umweltverwaltung. Reformstrategien und Effekte in den Bundesländern*. Berlin: Ed.Sigma.

Bea F and Göbel E (2006) *Organisation. Theorie und Gestaltung*. Stuttgart: Lucius & Lucius.

Benz A, Koch H-J, Suck A, et al. (2008) *Verwaltungshandeln im Naturschutz*. Bonn: Landwirtschaftsverlag.

Bogumil J and Ebinger F (2005) *Die Große Verwaltungsstrukturreform in Baden-Württemberg*. Ibbenbüren: ivd.

Bogumil J and Ebinger F (2008) Verwaltungspolitik in den Bundesländern. Vom Stiefkind zum Darling der Politik. In: Hildebrandt A and Wolf F (eds) *Die Politik der Bundesländer*. Wiesbaden: VS, pp. 275–289.

Boston J, Martin J, Pallot J, et al. (1996) *Public Management. The New Zealand Model*. Melbourne: OUP.

Boyne GA (2002) Concepts and indicators of local authority performance. *Public Money & Management* 22(2): 17–24.

Boyne GA, Meier KJ, O'Toole LJ and Walker RM (2006) Introduction. In: Boyne GA, Meier KJ, O'Toole LJ and Walker RM (eds) *Public Service Performance*. Cambridge: University Press, pp. 14–34.

Chun YH and Rainey HG (2005) Goal ambiguity and organizational performance in U.S. federal agencies. *Journal of Public Administration Research and Theory* 15(4): 529–557.

Cohen DK, Cuéllar MF and Weingast BR (2006) Crisis bureaucracy: Homeland security and the political design of legal mandates. *Stanford Law Review* 59(3): 673–760.

Derlien HU (1996) Zur Logik und Politik des Ressortzuschnitts. *Verwaltungsarchiv* 36(4): 548–580.

Dollery B, Garcea J and LeSage Jr E (2008) Introduction. In: Dollery B, Garcea J and LeSage Jr E (eds) *Local Government Reform. A Comparative Analysis of Advanced Anglo-American Countries*. Cheltenham: Edward Elgar, pp. 1–15.

Ebinger F (2009) Vollzug trotz Reform? Die Umweltverwaltung der Länder im Wandel. *Verwaltungsarchiv* 1(100): 55–70.

Ebinger F (2010) Kommunalisierung in den Ländern – Legitim – Erfolgreich – Gescheitert. In: Bogumil J and Kuhlmann S (eds) *Kommunalisierung, Regionalisierung und Territorialreform in Deutschland und Europa*. Wiesbaden: VS, pp. 347–452.

Ebinger F (2013) *Wege zur guten Bürokratie. Erklärungsansätze und Evidenz zur Leistungsfähigkeit öffentlicher Verwaltungen*. Baden-Baden: Nomos.

Ebinger F, Grohs S and Reiter R (2011) The performance of decentralisation strategies compared. *Local Government Studies* 37(5): 553–575.

Faguet J-P (2014) Decentralization and governance. *World Development* 53: 2–13.

Hood C (2006) Gaming in targetworld: The targets approach to managing British public services. *Public Administration Review* 66(4): 515–521.

Hooghe L and Marks G (2009) Does efficiency shape the territorial structure of government? *The Annual Review of Political Science* 12: 225–241.

Houlberg K (2010) Municipal size, economy and democracy. In: Swianiewicz P (ed.) *Territorial Consolidation Reforms in Europe*. Budapest: LGI, pp. 309–331.

Hult KM (1987) *Agency Merger and Bureaucratic Redesign*. Pittsburgh, PA: University of Pittsburgh Press.

Hyman DA and Kovacic WE (2009) Enforcing competition law: Benefits and costs of a

multi-purpose agency. University of Michigan School of Law.
Kieser A and Walgenbach P (2010) *Organisation*. Stuttgart: Schäffer-Poeschel.
Kim S (2005) Individual-level factors and organizational performance in government organizations. *Journal of Public Administration Research and Theory* 15(2): 245–261.
Kluth W (2004) Kommunale Selbstverwaltung kontra (staatliche) Verwaltungseffizienz? In: Meyer H and Wallerath M (eds) *Gemeinden und Kreise in der Region*. Stuttgart: Boorberg, pp. 65–79.
Krems B (2009) *Skript Verwaltungsmanagement*. Köln: Brühl.
Kuhlmann S, Bogumil J, Ebinger F, et al. (2011) *Dezentralisierung des Staates in Europa. Auswirkungen auf die kommunale Aufgabenerfüllung in Deutschland, Frankreich und Großbritannien*. Wiesbaden: VS.
Kuhlmann S and Wayenberg E (2016) Institutional impact assessment in multi-level systems: conceptualizing decentralization effects from a comparative perspective. *International Review of Administrative Sciences* 82(2): 233–254.
LVA (Landesversorgungsamt Baden-Württemberg) (2008) Jahresberichte 2008, Zahlen. Daten. Fakten. Regierungspräsidium Stuttgart.
MAIS (Ministerium für Arbeit, Integration und Soziales des Landes Nordrhein-Westfalen) (2010) *Evaluation des Gesetzes zur Eingliederung der Versorgungsämter in die allgemeine Verwaltung*. Düsseldorf: MAIS.
Midwinter A (1994) Developing performance indicators for local government: The Scottish experience. *Public Money & Management* 14(2): 37–43.
Moynihan DP and Pandey SK (2005) Testing how management matters in an era of government by performance management. *Journal of Public Administration Research and Theory* 15(3): 421–439.
Newton K (1982) Is small really so beautiful? Is big really so ugly? Size, effectiveness and democracy in local government. *Political Studies* 30(2): 190–206.
Richter P (2012) Gefahr im „Vollzug" Die Kommunalisierung staatlicher Aufgaben und ihre Auswirkung auf die Aufgabenerledigung. In: Haus M and Kuhlmann S (eds) *Lokale Politik im Zeichen der Krise?* Wiesbaden: Springer VS, pp. 179–195.
Richter P (2013) Pluralisierung im unitarischen Bundesstaat: Der zurückgehende Einfluss auf die Landesverwaltung am Beispiel der Versorgungsverwaltung. In: Zentrum für Föderalismus-Forschung Europäisches (ed.) *Jahrbuch des Föderalismus 2013*. Baden-Baden: Nomos, pp. 127–141.
Richter P (2015) *Die Makroorganisation der Vollzugsverwaltung. Reformeffekte in den Bundesländern am Beispiel der Versorgungsverwaltung*. Wiesbaden: Springer VS.
Richter P and Kuhlmann S (2010) Bessere Leistung mit weniger Ressourcen? Auswirkungen der Dezentralisierung am Beispiel der Versorgungsverwaltung in Baden-Württemberg. *der moderne staat* 2: 393–412.
Rodden J (2004) Comparative federalism and decentralization: On meaning and measurement. *Comparative Politics* 36(4): 481–500.
Schakel AH (2010) Explaining regional and local government: An empirical test of the decentralization theorem. *Governance* 23(2): 331–355.
Snyder R (2001) Scaling down: The subnational comparative method. *Studies in Comparative International Development* 36(1): 93–110.
Swianiewicz P (2010) *Territorial consolidation reforms in Europe*. Budapest: Local Government and Public Service Reform Initiative, Open Society Institute.
Ver.di (2012) Landesaufgaben in Brandenburg: Ver.di kritisiert geplante Kommunalisierung. Press release, 26 October 2012.
Yang K and Pandey SK (2009) How do perceived political environment and administrative reform affect employee commitment? *Journal of Public Administration Research and Theory* 19(2): 335–360.

Decentralizing for performance? A quantitative assessment of functional reforms in the German Länder

Falk Ebinger
WU - Vienna University of Economics and Business, Austria

Philipp Richter
University of Potsdam, Germany

Abstract
In the last 10 years, the governments of most of the German *Länder* initiated administrative reforms. All of these ventures included the *municipalization* of substantial sets of tasks. As elsewhere, governments argue that service delivery by communes is more cost-efficient, effective and responsive. Empirical evidence to back these claims is inconsistent at best: a considerable number of case studies cast doubt on unconditionally positive appraisals. Decentralization effects seem to vary depending on the performance dimension and task considered. However, questions of generalizability arise as these findings have not yet been backed by more 'objective' archival data. We provide empirical evidence on decentralization effects for two different policy fields based on two studies. Thereby, the article presents alternative avenues for research on decentralization effects and matches the theoretical expectations on decentralization effects with more robust results. The analysis confirms that overly positive assertions concerning decentralization effects are only partially warranted. As previous case studies suggested, effects have to be looked at in a much more differentiated way, including starting conditions and distinguishing between the various relevant performance dimensions and policy fields.

Points for practitioners

In multi-level systems, reformers of public administration have to decide which level is most appropriate for the implementation of a certain task. In the last years, reformers have often decided to decentralize state functions in the hope of creating an effective and efficient government. Yet, in reality, the claim to deliver public tasks better and, at the same time, cheaper in decentralized units proves unfeasible. We provide empirical evidence on the performance effects of decentralization and show that it has *other* advantages and *other* disadvantages compared to state service delivery. Reformers of public administration have to ponder these pros and cons in each particular case.

Keywords
decentralization, de-concentration, federalism, local government, performance measurement, public service delivery, social and environmental administration

国际行政科学评论

“出手阔绰和囊中羞涩?”西班牙市级政府在执行儿童托管政策中的角色变化

卡门·纳瓦罗[①]　　弗朗西斯科·维拉斯科
Carmen Navarro　　Francisco Velasco

翻译:李学明　　审校:杨　柳

【摘　要】 2008年之前,西班牙经济增长持续了十多年,在此背景下,市级政府在很多领域强力制定政策,积极扩张职能。金融危机的爆发使市级政府难以再提供这些服务,2013年,中央政府通过了再集权政策,原因在于中央政府认为地方政府的支出模式不可持续。本文从新制度主义理论视角,分析了市级政府在儿童托管政策中的扩张参与现象以及这些活动对地方政府职能的影响。我们观察到,地方政府通过立法使其行为合法化的领域,在最初的正式分权安排中并未涉及,但其却被市民视为福利而受到高度评价,这是在重新分配任务时无意之间产生的积极效果。然而,地方政府并没有从立法层面解决其自主权的结构性缺失问题,时至今日,只有经济形势满意时,它们才能满足市民的期望。

对实践工作者的启示

本研究可能表明,要了解分权的动态变化,不仅要关注正式规则的实

① 通信作者:
Carmen Navarro, Universidad Autónoma de Madrid, Department of Political Science, Edificio de Ciencias Jurídicas y Políticas, Marie Curie 1, 28049 Madrid, Spain.
E-mail: c.navarro@uam.es

施，还要关注社会的其他方面，比如总体适合的财政环境、市民在时间节点上的具体需求、政治人物的战略行为等。而且，分权的结果不仅是任务的重新分配，还是地方政府合法性的变化，这些地方政府职能可以通过良好绩效得以加强。

【关键词】 多层级政府；公共部门改革；自治区与地方政府

一、引言

在 1978 年西班牙宪法中，各层级政府之间公共职能的分配几乎都集中在向新自治区的分权过程上，很少关注市级政府职能。随后的 1985 年国家法律规定了对市级政府的任务分配，这设立了一个开放框架，其随后几年的实际实施将决定地方政府的职权范围。

在此开放框架内实施分权，逐步演变为市级政府在几个公共行动领域的密集活动。尽管它们仅仅得到非明确的授权，但是地方政府在经济增长和财政资源丰沛的背景下，活动倍增，直到金融危机出现。这个趋势在大量公共政策中都有反映，但是地方供给 3 岁以下儿童托管服务很好说明这一现象。虽然自治区政府关注其他优先选项而忽略这些服务需求，但是市级政府开始建立其托儿所网络，这自然慢慢提高了入学率。后来自治区区政府也参与提供这些服务，但是最初的推动和政治愿景来自地方层面。地方活动的扩张在金融危机到来时才有所放缓，随着《地方行政机构的合理化与可持续发展 2013 改革法案》[1]的通过，任务再次向自治区和省级层面集中。

在儿童托管政策已有研究的基础上，本研究旨在探讨西班牙不同层级政府间公共职能分配的逻辑，检视这些政策的实施如何影响地方体制。西班牙分权模式的实际作用是什么？分权对地方政府绩效产生了哪些有意和无意的影响？相对于早期的儿童托管政策，面向自治区和市级政府的分权过程是如何发生的？我们的分析以新制度主义理论为视角，提出了两个主要观点。其一，除正式规则外，"政治生活的实际组织"(March and Olsen,1984)、适合的财政环境以及市民的需求，共同决定了西班牙多层体制中分权过程的实施。其二，尽管地方政府以福利提供者的角色，而且更接近市民，增强了合法性，但基础仍然很脆弱。这些年来，地方政府并没有解决自主权结构性缺失问题，在国家再集权过程中不堪一击。从方法上，我们分析了所选的法律、报告、调查、自己先前的研究和二手文献。

首先，本文概要回顾 1985 年《地方政府法案》颁布到 2013 年《地方行政机构合理化与可持续发展》法案实施的分权过程。其次，本文分析了地方政府儿童托管公共服务的实施，深入探讨加泰罗尼亚和马德里自治区案例,时限为 10 年(2002—2011 年),始于经济高速发展,终于金融危机的最初影响。最后,本文讨论了地方服务供给对政府实际职能定位的正面和负面影响。

二、实施分权的宪法模式

1978 年,西班牙开启了双重运动:一方面是在近 40 年的威权统治之后的民主化,另一方面是密集的分权运动。民主化渗透到所有政府层级,包括西班牙 8 000 多个乡镇。然而分权的推广并不均衡,更多地集中于新自治区(所谓的自治社区),而不是地方层级政府。重要的公共职能赋予了这些自治区以应对民主转型带来的巨大挑战:一些地区要求自治政府。由于宪法的大量篇幅都用来规定自治社区的权力和能力,关于市级政府只有短短两句话,都是承认其自主权和财政充裕性。

根据 1979 年至 1983 年间国会所批准的明确的自治法律,自治区政府承担了大量当时属于中央政府的职责。尽管制度上赋予中央政府职责,在一些部门进行基本调控,但是政治分权如火如荼,要求新的自治区政府构建和提供主要服务,如教育、卫生和社会服务,同时从中央政府转移出物质和人力资源(见图 1)。

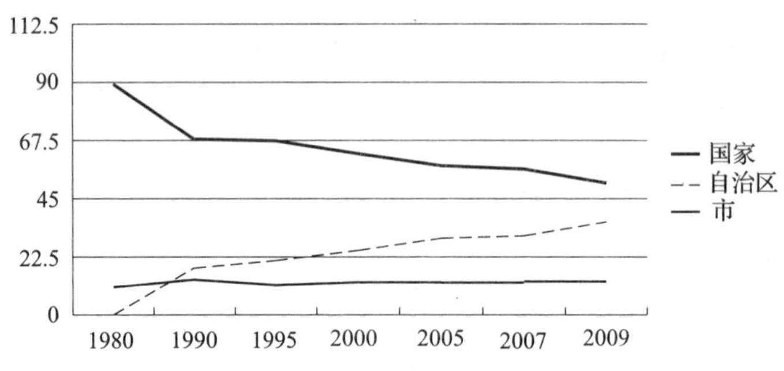

图 1 不同层级政府公共支出的变化(%)

资料来源:Ministry of Economy(国家预算包括社会保障费用)。

对地方政府而言,新的宪政体制产生的民主化变化要大于分权变化。1979 年,第一次地方选举举行,自此,西班牙人每四年选出市长和议员,由他们来实施其社区的政府战略。相反,分权则不够连贯。

从 20 世纪到民主体制时期,市级政府逐渐承担了大量职责(Orduña-Rebollo,1988),履行地方社区的职能,提供越来越多的主要公共服务(如水的净化与供应、垃圾收集、街道铺设、照明等),但是中央政府保持一般的干预和控制权力。借助民主,地方政府获取了其已经施政部门的政治决策权

(Mir-Bago,1991)。新体制也在某些领域带来了职责的再次集中,如卫生、教育、城市管理、基础设施建设和社会服务,从第二层级(省级)政府转移到自治区政府。

公共职能的分配在1985年的《地方政府法》[2]中得以确定,该法将如下任务分配给了市政府:

第一,一些必须提供的服务;人口越多的城市,所提供的服务越多。这些大都是基本服务,是城市人口所必需的(电子照明、街道铺设、饮用水供应等)。

第二,地方其他服务或任务(安全、交通、环境、城市规划等),一旦自治区政府和中央政府将其转移过来。此法令鼓励自治区和中央政府按部门将职能转移到地方政府,这样地方自治的宪法原则才能生效。

另外,该模式还包括附加条款,授予地方政府一般能力,来"补足"其他层级政府的活动,主要在福利体制的适当范围内(教育、住房、青年、文化、女性升迁以及其他方面)。这也形成了惯例,当市政府因为缺乏规模或资源而不能完成任务时,省政府必须向其提供任务所需的技术和经济援助。中层政府对小的市政府的援助十分关键,因为85%的市政府拥有不足5 000名居民,对大多数市政府而言,只有依靠省议会的支持,才有可能履行职责。

在此开放框架中,从自治区政府实际得到的任务转移,以及地方政府对"附加"条款的使用,将决定随后几年中分权的程度和范围。根据这一背景,出现了两种发展类型:

第一,国家和自治区遵从法律的授权,将任务转移到地方政府,然而,一般来说,转移不是特别的慷慨(MAP,2005)。有时它们对市政府设定指南或控制工具。有时它们并未放下单纯的管理任务,或者以有害的方式增加市政府的义务,增加地方政府的义务,但是不赋予其履行职责所需要的资源(Velasco,2012)。自治区政府特别严格,无意将职责转移到地方层级(Jiménez-Asensio,2012)。在民主体制新生之际,筑牢与公民的关系是优先选项,在此大背景下,需要占据整个场面,很可能出现上述现象(Alba and Navarro,2003)。无论原因如何,其结果是,以这种形式转移职能的范围有限。

第二,市政府(尤其是大型和中型市政府)有效利用宪法和1985年《地方政府行动法》附加条款所赋予的自主权,开发了大量市政服务,这些服务以前在地方层面闻所未闻。具体来说,西班牙地方政府开始应对经济和社会变化所产生的新挑战。儿童托管服务、老年人服务、移民融入、地方经济发展等领域在地方日程中越来越重要,这受益于两方面的发展。首先,从20世纪80年代后期开始,他们依赖的经济资源越来越多。事实上,从1995年到2006年的快速经济发展中,地方政府的人均年度支出增加了一倍,从每位居民700欧元增加到大约1 400欧元(Navarro,2010)。地方公共预算的这种增长是由于经济的普遍增长,产生了大量市政规划项目,带来了显著的税收收入增加。其次,他们从国家和自治区政府获得补贴,来完成项目和提供服务,这也带来相关收入的增长(FEMP,2006; MAP,2005)。总的来说,虽然从立法上并未预见到市政府会具体介入某些服务,但是实际上分权是以地方活动扩张的形式发生的(Jiménez-Asensio,2012; Velasco,2012)。

逐渐地,地方领导人找到了回应地方需求的途径,这种行为与文献中所确认的行为相一致,也是法兰西型国家地方政府的明显特征,那就是增加和保护地方社区利益(Hesse and Sharpe,1991)。新制度主义方法关注正式的规则和非正式的惯例(Lowndes,2001),可以很好地解释分权的这种演化过程。一方面是自治区政府的任务转移不够,另一方面是积极的经济形势,这两方面触发了市政府的服务提供超出了规定的预期框架。这一结果值得注意,特别是在比较研究中,按照地方政府的职能范围和数量、财政自主权、所占公共支出份额等测量指标,常常将西班牙地方政府列为欧洲最弱势的地方政府(Heinelt and Hlepas,2006)。

总之,在灵活的法律框架内,市政领导——在文献中被描述为西班牙强势市长、准总统级人物(Sweeting,2009)——的实际行为与经济形势共同决定着分权过程。有趣的是,这一过程并不包含纵向转移的职责,而包含新增的服务。换言之,自治区政府并没有中止某些服务提供,将其转移到市政府;相反,地方政府承担的职能领域最初是赋予自治区政府的,但是地区政府并没有履行。有些研究报道,大约25%的市政支出用于实施这些新的地方政策(Asamblea de Madrid,2011; MAP,2005)。

地方政府意识到他们所建大厦的正式基础十分脆弱,他们开始组织起来,以全国省市协会的名义游说,以提高其在政治体制中的法律地位,保护其已取得的成绩。2003年,这些请求得到部分回应,《地方政府现代化措施法案57/2003》在自治政府的一些组织方面进行了改进,但是并非职责的正式扩张(Alba and Navarro,2003)。2005年,中央政府启动了新的改革,试图厘清责任和资源,提出地方政府任务清单。但是这一计划最终偃旗息鼓,一方面是由于政府的领导力不足,另一方面是两个主要政党未能达成共识。

此后,2008年金融危机爆发,从那时开始,随着总体公共收入的下降,市级工作出现了紧缩。在第一阶段,紧缩主要集中和局限于资本投资。后来,随着《2012年预算稳定性与金融可持续性法案》[3]的通过,公共预算急剧缩减,也影响了市政府的支出。

在金融危机中期的2012年,西班牙似乎可获得一项欧盟紧急财政援助——尽管事实上从未发生——(该援助当时)看来触手可及。所有公共行政都有巨大的赤字,地方公共支付普遍延迟(延迟支付迫使财政部提出一个特别计划,为市政府提供流动性),争论由此产生,地方政府不可避免地要进行改革。在此背景下,曾经让乡镇参与提供福利服务的做法,成为被攻击的问题,被标识为地方政府的过度活动,导致了支出的无效率和不可持续。

由于强调产出的合法性,特别是效率,2013 年年底,国会通过了一项改革法案,名为《地方行政合理化与可持续性法案》。[4] 该法案通过强化市级监察职责,对地方政府的支出进行更全面深入的审查。尽管对其明确效果的评估还为时尚早,但是新的控制已经减少了市级活动。在一些地区,削减导致先前的市级活动地区化,诱发了再集权效应;而在另外一些地区,地方政府退出后留下的空间,没有被任何其他公共主体填补。

三、西班牙低龄儿童(0～3 岁)托管服务的提供

地方政府职能的扩张过程,可以通过检视低龄儿童托管服务提供这一具体政策,得到更深入的分析。与移民、经济发展、住房等政策一样,低龄儿童托管服务属于市政活动的一部分,在过去 20 年迅速发展起来。在相对较短时间内发生了巨大变化,不同自治区之间实施模式多种多样,使得儿童托管服务成为一个有趣的案例,来观察分权变化和再集权过程以及其条件和效果。

儿童托管服务有着明确的目标和课程体系,是西班牙普通教育体系的一部分。"幼儿教育"针对 0～6 岁儿童,分为两个阶段。第二阶段,3～6 岁,免费入学,通常由自治区公共中心提供,目前该年龄段儿童入学率为 95%。第一阶段,0～3 岁,正规的托管服务可以由私人、自治区公立或市级公共幼儿园提供。2012 年,这三类学校覆盖了将近 1/3(30.2%)的目标人群(Ministerio de Educación,2014)。其余的幼儿由其父母、祖父母或者保姆照看,在西班牙,与南欧福利体制模式一样,祖父母在社会组织中仍然承担着看护者的重要角色(León,2007; Salido,2011)。公共托儿所网络需要大量补贴,尽管它不是完全免费的,家庭需要承担一部分成本。过去 15 年,该领域增长最快,2012 年,总覆盖率达到 51%(Ministerio de Educatión,2014),象征着国家在该领域逐渐承担起公共责任。0～3 岁的儿童托管服务是下面讨论的重点,因为它很好地说明了上述分权过程,该过程主要是地方政府职能在该福利范围内的扩张。

由于儿童托管服务与民主社会所追求的性别平等、妇女就业、工作和家庭生活协调等目标(Lewis,2002)相互联系,提供该服务的政策成为政府近期关注的焦点。这些服务促进了儿童在其人生第一阶段的社会化,高质量儿童托管服务的可获得性和更高的入园率,不仅关系妇女在劳动力市场

中的参与度，而且还有可能扭转令人担忧的低生育率。

将国内各种因素整合在一起，使儿童托管议题能够摆在政府议程的前列。首先需要承认，在民主转型之后，西班牙社会所经历的重要变化是，不仅脱离天主教和保守传统，从男性养家模式演化为双薪家庭模式（Tobío，2001)，而且引起家庭观念的重大转变。例如，当问及家庭和工作中非传统性别分工时，西班牙人表现出比其他欧洲人激进的态度，例如他们最赞同有着3岁以下孩子的妇女全职工作（European Social Survey，ESS—2006)。[5]在此背景下，最近几十年，妇女在劳动力市场中的参与度显著增长，就在金融危机爆发前，从1999年的42%增加到2008年的超过55%(OECD)，危机使成百上千的女性失去工作。这个增长很大程度上是由于更多的低龄儿童妈妈参加了工作。刚性的劳动力市场提供很小比例的兼职合同，而家庭债务水平（大约80%的西班牙人渴望拥有自己的房子，将收入中的很大部分用于支付房屋抵押贷款）导致的家庭结构是，父母都全职工作。研究表明，西班牙人的劳动参与率对儿童托管价格十分敏感，托管费增加，妇女工作的可能性就降低(Borra，2010)。总之，进入有补贴的公共服务网络是家庭的自然需要。所有这些都对儿童托管服务的政治体制产生压力，这种需求在20世纪80年代开始增长（Bianculli and Jordana，2013)。中央政府和自治区政府在早期都未能解决这一问题。

中央政府的不作为值得注意，因为它相当于一个特别的国家案例，执政的社会民主党派（特别是社会主义党，1982—1996年）十分强势，并不理睬儿童托管服务的扩张，这与文献中的建议相反(Bonoli and Reber，2010)。事实上，在20世纪80年代和90年代，发生了相反的事情：支持家庭的国家政策完全失去活力，从2000年起才开始改变（Bianculli and Jordana，2013)。首先，执政党内涉及该问题的内部部门形成联合，而社会利益、机构利益和政党利益未有效整合，这些都阻碍了这项政策的提出。其次，基于家庭价值观之上的威权主义历经40年，这一历史遗产阻碍进步团体将此政策纳入议事日程。看来在民主化初期，体现威权时代特征的“家庭保护”说辞，仍然具有很强的生命力，任何贬低家庭的措施都被有意或者无意地拒绝(Valiente，2002)。

至于自治区政府，它们在执政初期面临着困难的和繁忙的议事日程。宪法条款让它们负责无数的任务，提供卫生、教育、基础设施，由于向自治区政府的分权与福利体制的扩张同时发生，它们显然有其他的优先选项。例如，仅仅在教育政策领域，自治区政府就面临着巨大的挑战，义务教育和学前教育（3～6岁）要全面覆盖，公共中心网络要扩大。

所有这些因素构成了这个背景，地方政府采取了与众不同的做法，开始开办公共幼儿学校。地方政府对此领域的公共行动如此敏感是有历史原因的。过去,乡镇高度介入所有阶段的教育,甚至大学教育(Tardío-Pato,2010)。从19世纪末到整个20世纪,国家逐渐承担起教学职能,但(相应)支出则由市级政府负责。然而,宪法改变了这一模式,所有层次的教育都变成自治区政府的职责。现行国家法律只承认市政府承担“辅助任务”,这些任务不是真正的教育(如学校的维护、义务教育阶段在校情况的监督)。但是在国民的集体印象中,学校仍然是一个地方议题。

在第一阶段,在一个被自治区政府相对忽视的领域,地方政府(更接近问题,也受到市民的施压)回应了这一需求,随着妇女加入劳动力市场,该需求从20世纪80年代后期开始增长。后来,自治社区也意识到,社会强烈需要更大公共覆盖面,选择了两个互补的途径。首先,它们建立了自己的幼儿学校网络;其次,它们以市政补贴的方式鼓励创办新幼儿学校(Velasco,2012)。补贴与合作协议挂钩,自治区政府承担每个中心的一部分成本,其余的由乡镇和家庭承担。这样,在市政府最初推动之后,自治区政府紧随其后,参与儿童托管事务,或开发同样的服务,或共同资助市政府发起和提供的服务。从那时起,当市政府行动时,分权的程度常常较低,有时仅仅是行政分权(Pollitt,2005),地方政府仅能决定某些方面,但是限于其自治权之内,并且要遵从自治区政府所附加的很多标准和条件。

总之,很多因素在同一时期会聚在一起:①对幼儿学校场所的强烈需求,②乡镇和自治区政府有效的财政能力,③灵活的法律框架,地方政府将其解释为有利于实施儿童托管服务。这三个因素相互作用,打开了市政府的行动之窗,该领域由此出现了密集的地方活动,随后带来了市政设施的增长。

在始料未及的扩张中,正规的儿童托管服务(包括公立的和私人的),从2002年的11.3%的覆盖率,增长到10年后的30.2%,部分由于私人的参与,但也有大量的公共干预。然而,在这个相对成功的国家平均水平下面,存在着地区差异,表现在覆盖率、可出售的公共场所的百分比、地方政府在服务提供中的角色等方面。仅就覆盖率而言,2012年的数据表明,地区之间差异巨大,自治区的富裕程度与覆盖率之间呈现正向关联,巴斯克区(51.9%)、加泰罗尼亚(36.4%)、马德里(43.3%),是最高的正规托管服务中3岁以下幼儿入学百分率(Ministerio de Educación,2014)。

四、加泰罗尼亚和马德里儿童托管服务提供的案例

除了覆盖率,地区间还存在其他明显差异,特别是与实施过程相关的方面,值得深入探讨。考虑到不可能研究所有17个自治区模式,我们选择了加泰罗尼亚和马德里案例。这两个自治区是进一步分析的很好案例,基于几个原因。这两个地区有着相似的总覆盖率(公共和私人相加)、经济环

境和市民需求,然而,它们的公共部门参与提供服务的程度、地方政府的参与程度很不相同,它们代表着不同的案例。下面我们探讨自治区政府与地方政府之间的增长模式以及交互作用的动态变化。检视的期限为2002—2012年,之所以如此选择是因为该时期是该部门地方政策大举扩张的10年。

加泰罗尼亚的当前人口为740万,居住在947个市,属于所谓的职责"快速"下放的自治区。加泰罗尼亚从20世纪80年代初开始进行教育、卫生和社会服务的职责和支出的转移。在我们研究时限开始的2002年,儿童托管服务的覆盖率为全体目标人群的28%,明显超过11.3%的全国平均水平。其中的几乎2/3(62.1%)是由私营部门提供的(见图2)。

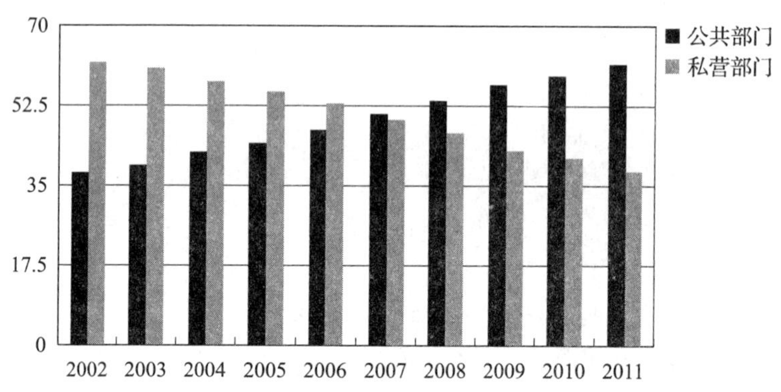

图2 加泰罗尼亚的公共与私营部门的覆盖份额(2002—2011年)(%)

资料来源:Spanish Ministry of Education(2014,www.mecd.gob.es 2014)。

在马德里自治区,650万居民分布在179个市,这些市围聚在一个大城市——马德里市——的周围,马德里市居住着大约一半的该地区居民。马德里自治区政府在20世纪90年代末接受了提供教育的职责。2002年,该自治区儿童托管服务的覆盖率为19%,低于加泰罗尼亚,其中的55.5%在私营部门。

从2002年开始,两个地区的公共覆盖率都较快增长。在其后10年,这两个自治区儿童托管政策的发展大相径庭,表现在以下变量:公共部门在场地总数中的份额、地方政府和自治区政府对新建幼儿学校的所有权、儿童托管服务政策中任务从自治区政府向市政府的正式法律上的转移。

两个自治区的公共部门在总体服务提供中所占份额表现不同。在加泰罗尼亚,10年间公共托儿所稳步增长,绝对数量和公共托儿所入托人数占所有入托人数的比例都在增长。在正规儿童托管中,公共中心占总体的比例从大约1/3开始显著增长,到2007年超过了私营比例,2012年,在加泰罗尼亚正规托管服务中,2/3的儿童在公共(市政)中心。马德里案例完全相反,整个时期私营的比例一直较高(见图3)。在最初几年里,私营

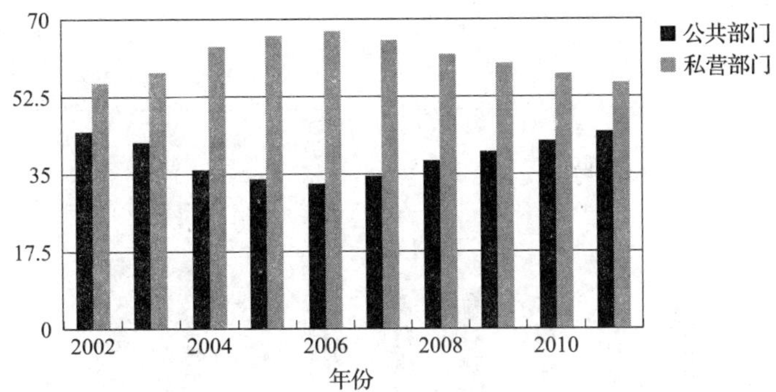

图 3 马德里的公共与私营部门的覆盖份额(2002—2011 年)(%)

资料来源:Spanish Ministry of Education,2014,www. mecd. gob. es 2014。

中心甚至继续增长,仅从 2007 年开始,公共托儿所才领先增长,直到 2012 年数量可观。换言之,在加泰罗尼亚的公共中心主导扩张的时候,马德里的私营部门占据优势,直到近几年公共中心才出现大量投资。

为什么在加泰罗尼亚案例中公共部门领先,而在马德里私营部门领先?要解释这些差异,需要提出一个令人兴奋的研究日程,该日程可能包括政治变量,比如政府的意识形态差异,或者利益相关者积极性和影响力的差异,还包括多层体制中市政措施和行动空间的对比水平,很遗憾这超出了本研究的范围。就本文的目的而言,只是指出了所产生的绩效差异。

关于公共部门中市政府与地区政府的角色比较,加泰罗尼亚和马德里再次呈现不同的策略。加泰罗尼亚模式似乎更有秩序和理性,好像是自治区层级与地方层级之间充分理解和良好协调的结果(见图 4)。该自治区所有新学校遵循一个统一模式,即所有权归市政府。相比之下,马德里表现出一种混合的局面,在市政幼儿学校扩张的同时,出现了一个弱势的但是不断成长的地区网络(见图 5),显然不能用清晰逻辑解释这个或那个选择。

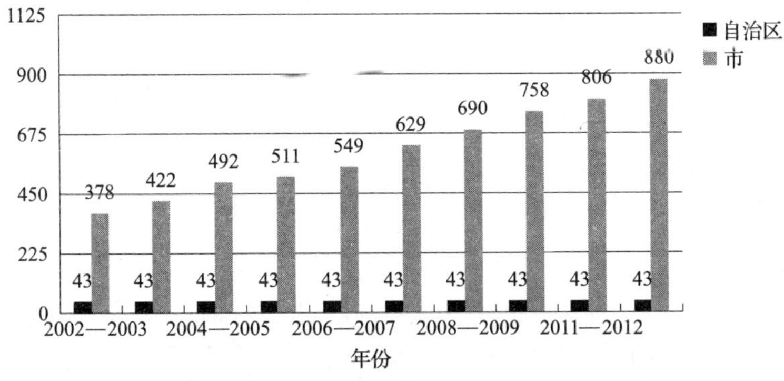

图 4 加泰罗尼亚公立幼儿学校数量的增长(2002—2012 年)

资料来源:加泰罗尼亚政府,教育部(Generalitat de Catalunya. Department d'Ensenyament)。

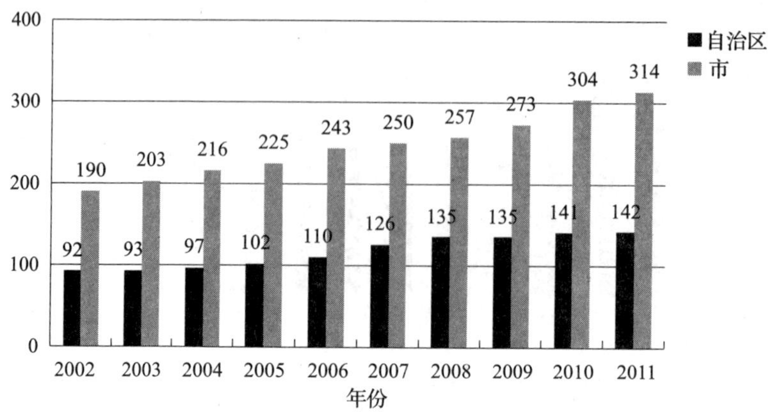

图 5 马德里公立幼儿学校所有权的增长(2002—2011 年)

资料来源:马德里自治区教育局(Comunidad de Madrid. Consejería de Educación)。

在正式法律的分权实施重点上,地区之间也呈现差异。在加泰罗尼亚,市政府获得了较多的自主权,因为来自自治区政府的转移是正式的。在《2009 年加泰罗尼亚教育法》[6]中,地方政府被确认为教育行政的一部分。法律授权它们参与某些决策过程,比如组织和管理其托管中心或者幼儿学校的录取过程。虽然,严格地讲,我们不能说是政治分权(转移任务的全部职责),但是自治区立法框架保证地方政府一定的行动范围。服务提供很大程度上一直取决于地方政府与自治区政府签署的协议(Medir,2013),但是这种提供模式也为地方差别化战略留有空间。加泰罗尼亚地方行政官员的认同,证实了儿童托管和教育政策中的地方共同责任(Albaigés,2012)。当问及地方政府在此领域的作用时,他们表示市政府深度参与教育政策计划的制定、实施和评价,其中 0 到 3 岁幼儿学校对大多数市政府而言,是重要的优先选项。在超过 1 万居民的市中,绝大多数都有其自己的教育战略计划。在所有具体教育行动中,儿童托管政策评价最高。尽管自治区政府拥有大量权力,仍然为地方操作留有余地。

马德里采取了另一种法律上的分权模式。2003 年,自治区议会通过了一个条例(所谓的"地方协定"),规定了向市政府的任务转移。上级政府最终完成的转移仅仅是管理任务,事实上,它被具体表述为,只转移"服务提供",不转移自主的职责。马德里的这部法律和儿童托管服务的其他条例表明,一般而言,已经转移或者能够转移到地方的权力是受限的。转移的只是管理权,并没有对地方职责带来性质上的改变(Galán-Galán and Prieto-Romero,2009)。有趣的是,法律期望有区别地对待马德里市。但是,除此之外,自治区政府决定着托管中心的组织、入学流程准则的建立、时间表安排、学生评价以及所有过程中的决策,它们还负责设立托管中心(公立或者私立)的最基本条件。总之,自区政府控制着政治决策职责的各个方面。

我们简单回顾了服务提供的主要方面(公共覆盖率、自治区—地方政府对托管中心的所有权、法律框架等),发现自治区之间存在显著差异,表明实施是不同的。加泰罗尼亚模式的特点是,从自治区政府到市政府,服务提供拥有较强的公共托管中心网络和持续的支持;而在马德里模式中,公共部门的表现较弱,地区战略没有很好地界定,比较模糊。

五、2013 年的再集权改革

当财政危机来临、公共预算赤字不得不缩减的时候,就威胁到这两个自治区公共幼儿学校的扩张。自治区政府不得不努力控制预算,而地方政策高度依赖上级政府的财政转移。中央政府承诺进行的项目投资(以可承受的价格增加服务的可获得性)——教育计划 3——也停止了。

因此,在我们研究期限后期的 2012 年,由于需求减少,第一次出现政策紧缩迹象,其原因可归结为:家庭费用上涨、失业率上升使得许多父母(主要是母亲)回归家庭、新移民回归及其孩子回到原籍。

2013 年地方政府改革大大影响了地方儿童托管服务的供给。新的《地方行政合理化和可持续性法》的目标是,市政府不应该开展基本服务清单以外的活动。这些基本服务主要是基础设施服务,满足的是人口核心功能需求(电子照明、街道铺设、饮用水供应等)。该法律允许其他领域的地方政策,但条件是:所讨论的市政府的财政形势是可持续的,以及其他层级政府没有承担这一具体任务;此外,在地方政府实施政策前,必须得到中央政府或者自治区政府的确认。在新框架下,阻碍了地方政府继续在一般福利事务上的扩张。在市政府以前活跃的领域,以其综合能力“补充”其他层级政府之不足(教育、住房、青年、文化、移民等),在此改革下,政府的行动空间受到控制和限制,如果没有从根本上禁止涉足的话,儿童托管服务也受到影响。

中央政府采取自上而下策略,发现自治区政府在经济增长前,承担了非典型性地方政府职责。并且地区政府通过获得优先权建立一个体制,在这个体制中,市政之上的行政预防性地控制市政活动的开展,这些活动未被部门法律明确授权。总之,改革策略意味着职能的再集中和地方自主权的削减(Velasco,2014; Zafra,2014)。

然而,值得怀疑的是,正式改革能否取得切实的再集权效果。首先,因为——正如我们在加泰罗尼亚案例中看到的有关教育政策——自治区法律多年来授权地方政府以职责,而这些职责不能被国家法律改变(Velasco,2014)。而且,即便现在将儿童托管服务划到市政职责之外,这仅意味着在规划新的市政幼儿学校时,必须通过“可持续性”和“非重复性”检验。考虑到当前财政形势下扩张新幼儿学校是不可想象的,可以确信的是,法律的改变巩固了现状。因此,我们再次看到,在集权过程中,结果不仅取决于法律要求,也取决于经济形势。

六、分权/再集权过程的效果

总的来说,如果从产出和趋势来衡量,西班牙的儿童托管政策是成功的。这个国家已经实现2002年欧洲理事会设立的目标(所谓巴塞罗那目标),将3岁以下儿童托管的覆盖率提高到33%。在西班牙的这些服务中,现在很大部分都是公立的,家庭只需支付部分成本。从整体看,与2000年前的情形相比,该领域得到发展,所提供的场所数量增加,家庭负担减少。

分权确实带来了变化。如果动力不是来自市政府,产出就可能没有这么显著或者可能延迟。中央和地区政府忽视这一领域很久了,可能因为中央政府的历史遗产,也可能由于自治区政府的其他优先选项。在西班牙立法系统中,关于职能的正式划分,是自治区负责这些服务,但是有理由相信,如果将所有职责都给他们,它们将事无巨细,而且缺乏经济资源,正如其他议题(义务教育、卫生、基础设施)一样,决定着选举竞赛,获得党派和政府的高度关注。从这个角度讲,市民已经获得了预期的正面效应,这是公共任务分权化分配产生的(Pollitt and Bouckaert,2004),特别是指公共行动的有效性。

同样的结论适用于市政活动的其他领域,在这些领域,地方政府主动作为,回应市民需求。因此,尽管形式上西班牙市政府一直受制于立法制度,限制其财政资源,增加其对其他政府的依赖性,但是其创新能力已经趋于提升。尽管在任务中市政府面临过多的碎片化、财政约束和立法限制,但是地方政策对于社区发展依然十分重要。从这个视角看,地方政府已经发展出回应市民需求的卓越创新能力。

市民在评价公共服务时,相比自治区政府和中央政府,他们对地方政府的评价最为肯定,这不只是巧合。明显较多的受访者认为,地方政府在对待市民时最快最好,并且最先提供信息(CIS,2007—2013)。另外,当要求比较自治区政府和地方政府的整体绩效时,市民更欣赏市政府所做的工作,所有自治区都是这样,几乎毫无例外。图6所构建的指标评估了这两级政府之间的差异。(几乎所有的)正面评价表明,与自治区政府相比,对地方政府的评价更令人满意,有趣的是,我们看到自治区之间的意见差异显著。尽管我们不可能在这里检验假设,但是似乎可以认为,其中的部分原因是地方政府20年来对市民需求的回应,在多级系统中将自己定位为福利提供者。

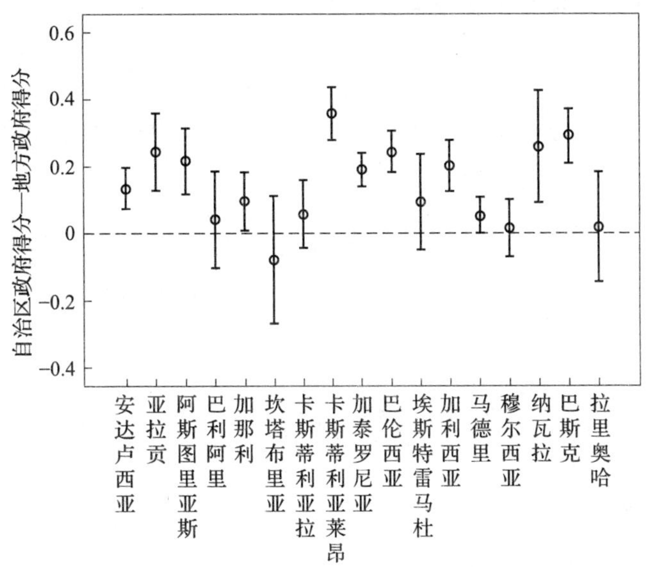

图 6　不同自治区的市民对自治区政府和地方政府的评价(2009 年)

资料来源:CIS databank 2813. www. cis. es.“问题:总体上,你如何评价自治区政府/地方政府的绩效:非常好、好、一般、较差、非常差?”

七、结论

西班牙公共儿童托管服务的扩张是由地方政府引领且部分资助的,在顺利的经济环境下,地方领导克服正式法律框架对地方政府的制约,强力制定政策,如果没有这些,扩张就不会发生。分权过程的动态变化并不是从自治区政府向乡镇的纵向转移职责;而是某些服务第一次在市政层面提供,这一过程与福利体制的扩张同时发生。西班牙向地方政府的分权模式表明,除了国家的正式规则外,市政府的领导力和有利的财政环境重构了多级系统中的公共职能。自治区政府将任务下放给市政府的方法各不相同,这对分权过程也产生影响,正如加泰罗尼亚和马德里的案例所证实的。

西班牙政府职能分配的正式体制确实非常复杂,首先,它的逻辑是使市政府处于不确定的环境中,它们到底要承担什么职责,再加上财政资源的结构性弱势,市政府在某种程度上要依赖或从属于其他层级政府。

近期的中央改革试图限制地方行动,但是,在其设计的开放模式中,实施将再次重构公共职能,由于地区政府的角色及其向市政府分权时采用的不同方法,将会出现一幅多变的几何画面。我们确定市政府在繁荣时期绩效优良;时间将会告诉我们,它们在更具挑战性的经济形势下会表现如何,尽管我们既无证据又无观点去做十分乐观的情景预测。

资助

本文受到编号为 CSO2013-48641-C2-1-R 项目的资助(西班牙经济与竞争力部)。

注释

[1]地方行政的合理化与可持续发展 2013 改革法案(西班牙议会,2013 年 12 月 27 日)。

[2]地方政府法案(国会,1985 年 4 月 2 日)。

[3]预算稳定性与金融可持续性法案,2012 年 4 月 27 日。

[4]地方行政合理化与可持续法案,27/2013。

[5]"欧洲社会调查"覆盖欧洲 30 个国家,2006 年其中包括"生活时间"模块,有以下问题:你赞成还是反对以下事件?①女性/男性与未结婚的伴侣一起生活?②与未结婚但一起生活的伴侣有孩子?③当他/她有小于 12 岁的孩子与他/她离婚?④选择不要小孩?⑤当他/她有不到 3 岁的孩子时有个全职工作?

[6] 2009 年加泰罗尼亚教育法,12/2009。

作者简介

卡门·纳瓦罗(Carmen Navarro),西班牙马德里自治大学政治学系副教授,她的研究和教学专注于地方政府与公共政策方向。她所承担的国际比较项目对市长、地方议员、地方部门改革和地方自治进行了调查研究,她的成果发表于国际杂志如《欧洲政治学》《公共行政评论》和《地方政府研究》上,著作出版于著名的出版社,如彼得·朗、劳特利奇、施普林格、爱德华·埃尔加等。

弗朗西斯科·维拉斯科(Francisco Velasco),西班牙马德里自治大学公法系的全职教授,他从事行政法与地方政府法方面的教学和研究。他是马德里地方政府与法律研究所的主任,负责大量国内和国际研究项目。贝拉斯科教授与人合作撰写 10 本著作,发表了 50 余篇论文和作品,广泛分析西班牙的地方政府、分权和行政改革。

参考文献

Albaigés B (2012) *Politiques publiques dels municipis catalans. Descentralizació de la política educativa: Consolidació, debilitats i crisi.* Barcelona: Fundación Pi i Sunyer.

Alba C and Navarro C (2003) Twenty five years of local government in Spain. In: Kersting N and Vetter A (eds) *Reforming Local Government in Europe: Closing the Gap between Democracy and Efficiency*. Opladen: Leske and Budrich, pp. 197–220.

Asamblea de Madrid (2012) *Dictamen sobre competencias duplicadas entre Ayuntamientos y*

Comunidad de Madrid para mejorar la eficiencia en la prestación de servicios públicos. Madrid: Boletín Oficial de la Asamblea de Madrid.

Bianculli A and Jordana J (2013) The unattainable politics of child benefits policy in Spain. *Journal of European Social Policy* 23(5): 504–520.

Bonoli G and Reber F (2010) The political economy of childcare in OECD countries: Explaining cross-national variation in spending and coverage rates. *European Journal of Political Research* 1(49): 97–118.

Borra C (2010) Childcare costs and Spanish mothers' labor force participation. *Hacienda Pública Española/Revista de Economía Pública* 194(3): 9–40.

CIS (Centro de Investigaciones Sociológicas) databank www.cis.es *Calidad de los Servicios públicos Estudios: 2706, 2762, 2813, 2840, 2908, 2950, 2986* (accessed June 2014).

FEMP (2006) *La situación de los ayuntamientos en España, sus carencias económicas y problemas de gestión: Diagnóstico y propuestas desde una perspectiva europea*. Madrid: FEMP.

Galán-Galán A and Prieto-Romero C (2009) *La descentralización de competencias autonómicas en la ciudad de Madrid. Nuevas oportunidades para la gestión desconcentrada*. Madrid: Huygens.

Heinelt H and Hlepas N (2006) Typologies of local government systems. In: Back H, Heinelt H and Magnier A (eds) *The European Mayor: Political Leaders in the Changing Context of Local Democracy*. Wiesbaden: VS Verlag, pp. 21–42.

Hesse JJ and Sharpe LJ (1991) Local government in international perspective: Some comparative observations. In: Hesse JJ (ed.) *Local Government and Urban Affairs in International Perspective: Analyses of Twenty Western Industrialised Countries*. Baden-Baden: Nomos.

Jiménez-Asensio R (2012) Estudio introductorio: reforma de la planta local y competencias municipales. In: *Documentos para un debate sobre la reforma institucional de la planta local en el Estado Autonómico*. Madrid: Fundación Democracia y Gobierno Local, pp. 13–64.

León M (2007) Speeding up or holding back? Institutional factors in the development of childcare provision in Spain. *European Societies* 9(3): 315–337.

Lewis J (2002) Gender and welfare state change. *European Societies* 4(4): 331–357.

Lowndes V (2001) Rescuing Aunt Sally: Taking institutional theory seriously in urban politics. *Urban Studies* 38: 1953–1971.

MAP (Ministerio de Administraciones Públicas) (2005) *Libro Blanco para la Reforma del Gobierno Local*. Madrid: MAP.

March J and Olsen J (1984) The new institutionalism: Organizational factors in political life. *American Political Science Review* 78: 734–749.

Medir L (2013) Interdependencias Institucionales y Gobierno Multinivel: el Caso de los Municipios y la Política Educativa. PhD thesis, Universidad de Barcelona, Spain.

Ministerio de Educación (2014) *Las cifras de la educacion en España. Curso 2011–2012 (Edición 2014)*. Available at: http://www.mecd.gob.es

Mir-Bago J (1991) *El sistema español de competencias locales*. Madrid: Marcial Pons.

Navarro D (2010) *Les competències dels governs locals: Una anàlisi comparativa i debat sobre el futur del món local a Catalunya*. Barcelona: Generalitat de Catalunya. Departement d'Economia i Finances.

OECD statistical series (www.oecd.org)

Orduña-Rebollo E (1988) Centralización y Descentralización en España. Perspectiva Histórica. *Documentación Administrativa* 214: 193–223.

Pollitt C (2005) Decentralization. In: Ferlie E, Lynn L and Pollitt C (eds) *The Oxford Handbook of Public Management*. Oxford: Oxford University Press, pp. 371–397.

Pollitt C and Bouckaert G (2004) *Public Management Reform: A Comparative Analysis*, 2nd edn. Oxford: Oxford University Press.

Salido O (2011) Female employment and policies for balancing work and family life in Spain. In: Guillen AM and León M (eds) *The Spanish Welfare State in European*

Context. Farnham: Ashgate, pp. 187–208.

Sweeting D (2009) The institutions of strong local political leadership in Spain. *Environment and Planning C: Government and Policy* 27: 689–712.

Tardío-Pato JA (2010) *Las competencias educativas de los entes locales en España. Análisis Histórico Sistemático Comparado*. Madrid: Iustel.

Tobío C (2001) Working and mothering: Women's strategies in Spain. *European Societies* 3(3): 339–371.

Valiente C (2002) The value of an educational emphasis: Child care and restructuring in Spain since 1975. In: Michel S and Mahon R (eds) *Child Care Policy at the Crossroads: Gender and Welfare State Restructuring*. London: Routledge.

Velasco F (2012) Duplicidades funcionales de Comunidades Autónoma y entidades locales. In: *Anuario de Derecho Municipal 2011*. Madrid: Marcial Pons, pp. 21–60.

Velasco F (2014) Aplicación asimétrica de la Ley de Racionalización y Sostenibilidad de la Administración Local. In: *Anuario de Derecho Municipal 2013*. Madrid: Marcial Pons, pp. 23–68.

Zafra M (2014) Doble inconstitucionalidad de la Ley de Racionalización y sostenibilidad. *Cuadernos de Derecho Local* 34: 49–68.

"In wealth and in poverty?" The changing role of Spanish municipalities in implementing childcare policies

Carmen Navarro
Universidad Autónoma de Madrid, Spain

Francisco Velasco
Universidad Autónoma de Madrid, Spain

Abstract

In the context of more than a decade of economic expansion that ended in 2008, Spanish municipalities were active in expanding their functions through vigorous policy-making in numerous areas. The crisis meant that town halls had difficulty in providing these services and, in 2013, the central government approved a re-centralization policy driven by the belief that local governments had brought about unsustainable patterns of expenditure. Using a neo-institutionalist theoretical perspective, this article analyses the phenomena of expansion of municipal involvement in childcare policies and the impact of these processes on the functioning of local governments. We observe, as an unintended positive effect of the reallocation of tasks, that local governments have legitimized themselves through action in fields not initially foreseen in the formal decentralization arrangements, and are highly valued by citizens as welfare providers. However, they have not overcome the structural lack of autonomy in which the legal system places them and, so far, they have been able to meet citizens' expectations only when economic conditions have been favourable.

Points for practitioners

The study may be taken to show that we can only understand the decentralization dynamics if we pay attention not only to the implementation of formal rules, but also to other aspects of the functioning of communities such as general favourable financial circumstances, particular citizens' demands at one point in time and strategic behaviour of political actors. Furthermore, the outputs of decentralization are not only changes in the reallocation of tasks but also in legitimacy of local governments that can be strengthened with good performance.

Keywords
multi-level government, public sector reform, regional and local government

国际行政科学评论

集权正道? 从社区警务看瑞士国内治安政策改革

卡罗琳·贾科·戴斯孔布斯[①]　　朱利恩·尼克劳斯
Caroline Jacot-Descombes　　Julien Niklaus
翻译:王冬芳　　审校:杨　阳　马永堂

【摘　要】 本文以瑞士各州与市之间的事务分配为视角,分析了旨在提高效率的治安改革是如何集中州一层级的警察机构,而削减地方警察的。由于人们对于集权化的转型已经达成共识并将其实施,因此那些成功保留了地方警察的城镇被看作是特殊情况。本文通过量化数据重点分析两个州的改革。分析结果表明制度变革产生了三项主要的制度安排:集权化(市从州购买警察服务)、地区化(几个市共同开展警务活动)、分权化(城镇保留它的地方警察)。对于何种制度安排产生了最好的效果,一项有关当事人(公民和警察)主观感受的评估显示,在分权化的制度设置中,警察工作和治安感受更为出色。

对实践工作者的启示

瑞士改革的目的是在安全部门不同层级的机构间建立新的职责分配,而政治问题则是改革的核心。政治问题能够极强地影响改革所能建

① 通信作者:
Caroline Jacot-Descombes,IDHEAP,Quartier UNIL Mouline,1015 Lausanne,Switzerland.
E-mail:caroline.jacot-descombes@unil.ch

立的新安排。即使州的决策者找出了事务集权化的坚实论据，但是各市的权力更为强大。这就产生了不对称的联邦制，其中城镇能够保留它们的警察，而各市则必须购买州的警察服务。由于公民和警察对分权化的评价更好，因此在那些拥有当地警察传统的地方实行集权化改革困难重重。

【关键词】 事务分配；社区警务；分权化；犯罪恐惧；地方治安；绩效合同；警察；地区化

一、引言

为了强化地方警务，西方国家一般倾向于将事务下放并建立社区警务（Bonvin，2004），瑞士作为一个极为分权化的国家却与此相反，发动了一波旨在集中国内治安权限的改革。与此相伴的是自 20 世纪 70 年代开始运行的瑞士政治体制的三个层级间，即联邦、州和市之间权责分配的大规模改革运动。[1]这些改革回应了来自经济与社会的压力，这些压力促使各层级的政治主体去调整联邦内权力的政治平衡。20 世纪 90 年代的经济危机以及来自欧盟的压力让公共机构为了提高效率而采取了更为激烈的改革。为此，集中了某些事务与责任以裁减冗员，并通过修正财政体系均衡让不同层级的财务权限得到平衡。可以说，过去的二十几年中，联邦、州和市之间推行了无数的改革，这些改革触及社会保障、医疗、教育、安全、城市规划等众多领域。本文关注州和市之间所采取的改革，特别是国内治安政策和社区警务方面。治安政策可以界定为是旨在保护公民和组织，并处理针对国家和公共秩序的威胁的公共政策。社区警务是"一种公众接受的地方警察，他们为了处理多样化的安全需要而在一定的授权下进行干预"（Malochet，2007：25），社区警务将包括公民以及其他公共主体在内的伙伴关系重新置于安全措施的中心位置（Niklaus，2011）。治安政策由地方执行，但由市、地区或是州一层级进行管理和指导。做出这种公共政策选择的原因是大多数州都希望集中安全领域的执行责任。但是，与其他部门不同，国内治安政策——尤其是社区警务——需要经由地方的决策过程并由地方执行。为此，制度变革在集权化、地区化和分权化之间摇摆不定。21 世纪初的 10 年间，瑞士说法语的纳沙泰尔州和沃州（the cantons of Neuchâtel and vaud）推行了在州与市之间重新分配事务的治安改革。本文基于这两个州的治安改革，首先考察改革的背景、本质与过程。之后将聚焦具体的制度变革。在此将说明改革主要的政治目标已经从双级警察模式走向由州级警察负责执行州与社区警务的模式,也就是所谓的“单级警察”(unique police)。“单级警察”代表了本文所指出的“集权化”模式,尽管各市仍然能够保留它们在决策和财务方面的职责。不过,除此之外,本文还将展现两个州的改革所产生的三种制度安排类型(研究期间内):治安政策执行的集权化、分权化和地区化。然后本文将通过测量公民和警察对于社区警务中警察及其工作的主观感受,以及对于犯罪恐惧的感受而关注三种制度安排所产生的影响。为此,纳沙泰尔州和沃州中三个分别实行了三种制度安排的中等规模城市(居住人口在30 000～50 000)被挑选出来进行检验。它们分别是:纳沙泰尔州的纳沙泰尔市、拉绍德封市(Neuchâtel and La Chaux-de Fonds)和沃州的“里维埃拉”(the Rivera)[2]地区。这三个城市属于不同的两个州,但是它们的地理和社会背景与问题非常相似:这两个州在瑞士都是说法语的;具有相同的行政与政治文化;都与法国接壤,且大部分地域都是城镇(城镇化水平达到70%左右[3])。不过需要说明的是,沃州的外国人比例较高,且比纳沙泰尔州富裕。[4]

二、方法

为了测量并分析改革的过程、结果与影响,本文使用了定性与定量结合的混合方法,研究路径则采用了建构主义范式中的当事人为中心的路径。这种方法选择主要是因为测量治安政策事实基础上的影响指标与结果指标很有难度(Dupont,2003),同时也很难获取评估报告,因为瑞士鉴于该问题的敏感性往往并不发布这样的评估报告。首先,本文通过文献资料(包括由执行机构提交给议会的立法建议以及议会辩论的相关附件,Canton de Neuchâtel,2006,2007a,2007b,2007c;Canton de Vaud,2007)以及对专家和决策者的访谈来获取两个州的定性数据。之后进行内容分析以突出强调做出集权或分权立法决定的政治主体的主要观点,并判断应该对改革之后的何种结果进行观察。

为了测量国内治安政策的影响,我们选择聚焦于社区警务。因为社区警务是一种能够被民众最好评估的警察类别。同时与操作人员、现场协调人员以及社区警务的指挥官和领导进行焦点小组访谈,以便对三个城市在多大程度上运用了社区警务的概念做出判断,并获取警察从操作和战略两个层面对他们自己服务的评价观点。表1表明了实施社区警务的官方日期与制度层级。

表 1　　社区警务方面的数据

城市	执行社区警务警察任务的制度层级	实施时间
纳沙泰尔	市(分权化)	2001 年 10 月 1 日[a]
拉绍德封	州(集权化)	2006 年 11 月 1 日[b]
里维埃拉	府际(地区化)	2006 年 2 月 1 日[c]

注：[a] 实行城管大队。[b] 支持“单级警察”，解散拉绍德封的地方警察。[c] 里维埃拉地区的警力联合。

这样的研究设计可以检验三个变量：执行权限转移的层级（集权化、分权化和地区化）；该层级所设定的新社区警务的执行期限；最后，行动主体对警察服务影响的主观感受。最后的变量为因变量，通过测量社区警务概念的运用程度（近距离安全）而获取。为了判断该变量，我们在 2012 年对三个城市中的居民进行了问卷为主的社会调查。这让我们能够观察公民对于社区警务及其运行的主观感受，也可以观察到社区警务主要目标（例如减少犯罪恐惧）的实现程度。我们通过邮寄和网络的方式向三个城市的市民发出了 6 500 多份问卷（包含 180 多题），收回 1 200 多份有效问卷，回收比例如下：纳沙泰尔 20.8%、拉绍德封 20.4%、里维埃拉 15.16%，回收问卷占总体问卷的比例为 18.51%。该样本在每个城市人口的年龄、性别和收入上都具有代表性。

我们随后建立了研究中核心变量的统计指数，因为一个指标是由几个一致变量构成的，这样就能得出更加可靠的结果。本研究中的主体指标有两个：①对警察及其工作的主观感受，该指标建立在一组 24 个变量的基础之上（见附录 1）；②对犯罪的恐惧，包含了四个变量：“一般而言，你会感觉不安全吗？”“当你白天（在居住城市）独行时，一般你会感觉如何？”“当你夜间（在居住城市）独行时，一般你会感觉如何？”“当你夜间在居所独处时，你有什么感觉？”这种共时性分析的显著局限就是无法测量历时性影响，例如三个城市中引入社区警务之前和之后的主观感受。

三、改革背景

（一）瑞士国内治安政策的邻近治理结构

为了了解改革的结果与影响，则有必要阐释瑞士国内治安政策的背景及其治理。在瑞士多层级的治理结构中，州对主要的治安机器——警察机构——负有主责。这种任务分配虽然可以从身份认同和文化因素方面得到解释（Braun，2000；Mirow，2012），但实际上权力自主原则[5]意味着该政策在政治上必须是分权的，就像教育或文化政策一样。因此，国内治安政策凭其在财政、管理和决策责任方面的邻近治理而特色鲜明。

警察工作的目的是保护公民与组织免于危险,并为了维护法律与秩序而镇压骚乱。为了实现该目标,瑞士的州政府拥有两种类型的警察机构:治安警察和刑事警察。[6]说德语的州还区分出交通警察,但在说拉丁语的州交通警察被整合进治安警察之中。为了强化邻近治理,则创建了第四种"社区警察"。在瑞士,社区警察不应被看作是一个机构,因为其缺少各州公认的界定,不过社区警察一般都被整合进治安警察之中。

虽然各州相关层面为此而成为主要负责警察的机构,但是对于在联邦和州的管辖权范围内享有其自治权限的各市而言,也具有维护法律与秩序并管理公共领域的任务(或者一些不属此类的事务),各市原则上也需要雇佣警察人员(Rémy,2008:8)。因此,市一层级的行动基本上是州政策的辅助补充,特别是在竞争联邦的背景下,对于那些旨在令该地变得更具魅力且能提升居民安全感的政策而言,更是如此(Ledergerber,2003)。这种辅助补充举例而言,比如当较为富裕的市决定用财政资助私营公司来保护公共领域,或是城镇为了解决街头年轻人问题而雇佣社会工作者等。

在职责分配上,可以发现瑞士各州千差万别。但大多州的城镇都拥有它们自己的警力,委以治安、交通、刑事[7]、社区警务等方面的职责。瑞士中部和东部一些较小的州[8]则没有市一层级的警察,因为它们没有实行双级警察的临界规模。还有一些州,如日内瓦和弗里堡州,市则仅拥有治安力量,执行着有限的警务工作,一般只限于流转和行政方面的警务(Loertscher,1991)。值得注意的是,警察的管理、政治以及财政职责方面的全面"州属化"是难以规划的,因为几乎所有的州[9],其中也包括本文研究的两个州,州和市都在法律上具有国内治安的职责。这种职责分配反映出瑞士旨在维护分权体系的政治文化。

(二)双级警察模式的优缺点

国内治安政策中的邻近概念可以解释为一种治安任务分配的双级警察模式,这也是本文所要分析的改革核心内容。财政联邦学派(Musgrave 1959; Olson,1969; Tiebout,1956)已经对该模式的相关优势做出了着重阐释。警察与当地民众之间的近距离接触有利于更好地理解地方治安问题,并让市政府能够根据地方偏好来建立它们的治安服务。况且,通过直接或间接民主的方式对地方警察进行控制,提升了民众对于警察的信任,增强了透明度和问责度。这对主观安全感受具有积极影响。而且,地方治安力量之间的"积极"竞争能够产生创新性选择,就像联邦作为一种试验性概念所揭示的一样(Frey,2006)。然而,在这方面,该体制在各州的运转并不完美。该体制至少存在三项主要的缺陷需要改进。首先,某些

(新的)安全问题,如恐怖主义、网络犯罪等,如今是在国际层面进行管理的。这就需要各州统一性的回应而非一些零零散散的地方干预(Jacot-Descombes and Wendt,2013)。其次,在这个复杂的任务分配体系中,尤其是具有双级警察模式的各州之中,州和市之间会出现竞争性责任,因为这两个层级的公共机构负责同样的工作。虽然法规和条例限定了两个层级间的责任分配,但是缺少政治认同的结果往往造成某些工作扯皮现象。因此,公共机构很难通过合作,高效解决共有问题,尤其在州与城镇之间更是如此。最终的结果就是低效和冗员。最后,在地方层面,市里面有无数具有特定目标的团体都在从事治安工作。这方面的局限是缺少透明度以及对这些机构的问责,其中民主的地位也更为薄弱(非经选举的成员往往在决策过程中成为市政府的代表),而市政府也难以掌控这些团体(Iff et al. ,2009; Perritaz,2003)。

面对这种困境,各州发起改革以简化两个层级间的任务分配并集中执行权限。这主要是为了破解上述提及的问题,具体而言则是要降低合作成本、消除冗余、获得对全州领土的控制并提高政策效率(Ebnöther,2010)。

四、地方层面治安改革的本质

警察改革的重组以及集权化的倾向在各州形成了本文研究中的两种模式,这也是瑞士的两种主体模式:双级警察模式和单级警察模式(Sheffler,2002)。沃州[10]保留了之前的“双级警察”(见表 2),是第一种模式的体现。为此,改革普遍运用新公共管理理论所倡导的“服务合同”(Proeller,2006)。这些合同让公共机构能够在纵向或横向上,委托其他公共机构执行工作。因此,没有地方警察的市为了履行其任务,就可以购买州的服务或是社区服务。在这种模式中,市还能运用其他的工具来执行它们的任务:可以与其他市合作,建立地区警察,就像我们在“里维埃拉”所见;或者雇用私营公司来执行某种任务。这样的选择让市能够根据它们的偏好选取履行一项任务的最佳手段。例如,出于经济考量,一个市可能更倾向于雇用私营企业进行停车监控,而不是与州签订合同。改革还为纵向合作搭建了平台,建立了平等代表州与市的行动主体的工作组,以提升层级之间的合作与协同。这种模式表现出一些优势,每一个市都能根据自己所需来决定、支付并履行服务。然而,这种结构对每一级警察都会产生交易成本,因为市一般在解决方方面面的治安问题上能力不足,因此它们无论如何都必须与州的警察进行合作。所以,这种模式非常复杂,牵涉城镇、地区和州三个层面的警察。

表 2　　本文研究的改革和案例列表

州	改革前模式	改革后模式	现有模式的可行安排	研究改革影响选取的案例
沃州	双级警察	没有改变 1993 年启动了单级警察改革,但在 2006 年改革失败	服务合同(市可以购买州警察服务) 地区化 市/城镇警察	里维埃拉的地区化,各市可以分享它们的地方警察
纳沙泰尔州	双级警察	非对称行政集权(2006/2007 年实施改革到 2014 年) 2014 年后:单级警察	服务合同(市可以购买州警察服务) 市/城镇警察	由纳沙泰尔州执行工作,尤其在拉绍德封市 纳沙泰尔市直到 2014 年才拥有自己的警察

第二种模式,也是纳沙泰尔州所采用的,被称为"非对称行政集权"模式。也就是除了某些特定城镇(我们的研究截至 2012 年[11])之外,警察工作和机构都集中在州一层级。小型和中等市的警察工作由州的警察服务推行,而城镇可以保留它们自己的警察,他们凭借对本地的了解与接触来解决他们城镇的问题。这种模式最主要的缺陷在于受到权力政治和合作成本的影响,州和城镇警察间的合作困难而又昂贵。需要指出一点,这种模式被看作是中间环节,最终的模式是诸如伯尔尼、卢塞恩、沙夫豪森等有些州已经实行的所有市都"行政集权化"的模式(Scheffler,2012:88)。与双级模式相反,在最终模式中,需要警察服务来开展地方工作的各市都必须与州签订合同。"单级警察"可以在全州达成实践一致性,通过经济规模产生节约,还可以提升透明度,同时单一的命令单位也让警方具有更强的能力与灵活性。然而,该模式导致公民与警察之间的疏远。同时,由于需要管理与州所签订的合同,因此各市在该模式中产生了额外的成本。最后,有些市考虑到州的警察并不能经常在当地出现,因此雇用了私营企业或是地方治安力量来补充州的警察服务。需要指出的是,这些地方警力原则上并不是警察职员,而是没有武器的治安代理机构,这让公民把他们当成是二等警察。[12]

五、改革执行

纳沙泰尔州和沃州的改革历程表明瑞士的政治决策系统是缓慢的，这主要应归因于瑞士采用广泛共识和直接民主方式。为了达成共识，州与公共行动主体必须至少就三个方面达成一致：效率、效益与政治。不管什么改革都是如此。在效率方面，“谁出钱，谁决定”的经济原则是植根于联邦宪法中的改革支柱。[13]实现经济规模的机会是实现效率的第二项标准，并被全体行动主体共享，只是他们并不是坚定地要用同样的手段达成目标（集权化对纵向合作）。至于公共政策的效益（例如治安政策在多大程度上实现了它的目标），其标准是能够获取公共服务，以及获取公共服务的质量，还有公共组织能力与公共服务与物品提供之间的匹配性。最后，为了在改革进程中获得所有利益相关者的信任并让改革成功，就必须考虑两项政治原则。第一项，必须遵守权力自主原则，该原则增强了市的自治权（从欧盟地方自治宪章意义上看：Conseil de l’Europe，1985）。州也经常使用该原则作为政治观点来说服市政府坚持改革并成为改革的伙伴，这也是改革成功的必要条件。同样，州的执行机构也使用了第二项政治承诺来说服市政府以及州议会同意改革。这就是无论是市还是州，在整个过程的最终都不会有财政损失（不增加成本）（Horber-Papazian and Soguel，1996）。

有鉴于此，州就不能将任务分配的新规则强加给各市，即使州一级的政治主体和行政主体都确信新的规则从公共政策效益和经济方面来看都是一项最好的选项。他们必须通过整合上述维度来搭建共识，否则改革就将失败。就如同沃州“警察 2000”案例所证明的一样，在实行了十几年以后却于 2006 年崩溃。与沃州相反，纳沙泰尔州通过以下方式达成了共识。在州议会的第一轮辩论中，行政机构提议“单级警察”以回应议会中某些警察群体所要求的更为深入的改革，即实行全面的治安集权，其中市级政府根本不会再有更多的警力。有趣的是，左翼支持这项选择，因为这无疑会在各市之间形成均等服务；而右翼则认为这项选择只有在满足下列事实时才是合理的，也就是只有在全面集权能够运用“谁出钱，谁决定”原则，并因此提升系统的效益和透明度的情况下才是合理的。州政府的另一个主要观点是很多城市（特别是那些小城市）没有能力来承担他们在治安方面的工作。尽管如此，国会议员最终还是没有接受全面集权化的选择。辩论中阐释的决定性原因是，这种选择违背州宪法，其中规定州和市对治安政策负责。实际上，即使国会议员能够改变宪法并决定州在警察事务上拥有单独的权力，他们也不会这样做。因为这种做法需要得到公民的支持，一种很难通过直接民主方式而获得的支持。事实是公民必须投票表明支持这种改变,而其他州(例如苏黎世州)的经验表明,民众往往想要保留他们当地的警察,这样才能保证采取贴近民众的行动。因此,在改革的最后,政治主体更倾向于选择一种平缓选项。这就意味着城镇如今能够保留它们的警察,就像纳沙泰尔市直到2014年才实现的一样。而州则开始为那些自愿的市提供地方警务工作,比如拉绍德封。

纳沙泰尔州和沃州的案例表明政治主体必须能够形成共识,并建立能够将市政府的多样性考虑在内的复杂模式。案例尤其表明,在对州的集权目标做出回应时,"有能力"的市为了保留某些权力和责任而宣布作为特殊案例对待。那些能够运转良好,并对州议会和政府具有较强影响力的城镇,在改革过程中获得更多的职责。

六、制度变革

纳沙泰尔州和沃州案例中所观察到的主要趋势是通过服务合同将各市警察承担的职责转移给州的警察。该趋势也得到了统计数据的确认。整体而言,这些改革已经巩固了与市相对的州警察机关的雇员人数,纳沙泰尔州和沃州的市政府都要购买州的警察服务而且逐步实施了"单级警察"(对1995年和2008年做出的比较:Koller et al.,2012:129)。尽管集权化趋势显露无遗,但是联邦作为一种多样化的表达方式,仍然在沃州的任务分配体系中占有一席之地。其表现为:每一个市都能够选择某个主体执行某项任务(地方、地区或是州的警察)。与此同时,当市授权给州警察一定权限时,不同类别市政府的偏好也都会凭借纵向合同的引入而被考虑在内,在纵向合同中各个市能够具体选择它们的警察服务。

目前为止,沃州的经验还不能让我们了解到是否所有的市都会在某种程度上放弃它们的治安执行责任,并让州独自来控制整个领域内的警察(通过实行"单级警察");或者是相反的情况,各个市是否会积极地、通过自己或是城市间的联合来保留警察执行权限以处理地方问题(双级警察)。纳沙泰尔市2013年[14]修订的《警察法案》中建立了单级警察体制,其中纳沙泰尔市的警察将在2015年整合为州的警察(Ville de Neuchâtel,2013)。

这两种趋势在瑞士的各州都明显可见,而且也很难判断哪一种模式是最好的。为了给出一些判断要素,本文检验了三种地方制度安排。第一种是通过服务合同,由州的警察来实施地方工作,如纳沙泰尔州的拉绍德封市;第二种是城镇保留它们自己的警察,如纳沙泰尔市;第三种是几个市形成一个地区来执行它们的治安任务,如沃州的里维埃拉。为了判断在改革影响方面,地区化、城镇警察或是单级警察何为最好的安排,下文将对两个州内的三种安排进行比较。

七、改革的影响

为了测量三种安排的影响，我们首先对操作和战略层级的地方警察主体进行了小组访谈，以便能够观察社区警务概念在他们的机构中得到了多大程度的执行。我们通过改编特洛加诺维兹的方法而设计调查问卷，特洛加诺维兹曾尝试判断社区警务概念的发展水平及其运用程度。遵循社会科学"古典"路径的精神，基于我们所掌握的各种警察机构当地实践的相关知识（通过报告、内部文件、网站等）填写了上游部门的问卷。另外，在第二阶段，我们向每个城市的访谈小组给出了我们的答案和主观感受，以便他们能够对有关情况进行观察（对于问题，参见附录 2）。表 3 对讨论（和结果）进行了综合。总分是 48 分。首先记录的是调查人员的评价，之后是负责社区警务人员的评价。

表 3　　社区警务概念运用情况的评价总结

问题 城市	a	b	c	c′	d	e	f	f′	g	h	i	j	总计	平均
纳沙泰尔	1/4	1/3	3/3	3/4	2/4	2/3	3/4	2/3	1/1	3/4	3/3	3/3	**27/39**	33
拉绍德封	1/1	1/1	3/3	3/4	2/4	3/3	3/3	2/2	1/1	3/3	2/3	3/2	**27/30**	28.5
里维埃拉	3/2	1/1	3/4	3/4	2/3	3/3	3/3	2/2	2/1	3/4	3/3	2/3	**30/33**	31.5

为了让这些数据发挥作用，同时由于每个案例中调查人员和警察负责人之间的评估存在差异，因而我们对双方得出的结果求平均值。因此，平均值被用于比较不同社区警务机构的发展水平。不出意外，纳沙泰尔更多实现了邻近模型（当时，城镇有自己的警察）；其次是里维埃拉（市政机构共同管理警察）；最后是拉绍德封（由州来执行社区警务）。这些结果划分对我们接下来的研究非常有用，可以用来考察是否一个具有更加完善"邻近模型"的警察机构比其他机构具有更好的影响（或没有）。就此问题，我们可以从社区警务的主要影响，也就是犯罪恐惧以及公民对社区警务及其工作的主观感受等方面，一探究竟。我们先来看一下三种社区警务模式中有关犯罪恐惧的情况。从表 4 可见，里维埃拉犯罪恐惧最高[15]（几乎有 38%的居民都有强烈的犯罪恐惧感）；拉绍德封位居第二；纳沙泰尔[16]民众的犯罪恐惧感最低。

表4　　三个城市犯罪恐惧(犯罪恐惧指标)的列联表

		犯罪恐惧指标				
	城市	NN	<1.75	>1.75&<2.25	>2.30	总计
总人口估计(%)	纳沙泰尔	1.91	31.73	34.29	32.08	100.00
	拉绍德封	1.96	31.02	31.85	35.17	100.00
	里维埃拉	2.80	29.21	30.07	37.92	100.00

这里出现的结果饶有趣味。因为根据实行邻近治理方面的评价,从中可以发现(如前)具有更为完善社区警务概念的城镇,也就是纳沙泰尔市(a=33分[17])在这里是犯罪恐惧感最低的地方。纳沙泰尔市也是自2001年最早实行社区警务,同时在“制度上最接地气”(从制度角度来看,属于市一层级)。而拉绍德封(a=28.5分),社区警务概念似乎是最不完善的,其犯罪恐惧感高于纳沙泰尔,但却低于里维埃拉。拉绍德封也关注最近的社区警务改革(2006年年底),同时也是“制度上距离最远”的(从制度角度来看,属于州一层级)。最后,在本研究中,里维埃拉体现出最强的犯罪恐惧感,即使里维埃拉在制度层级(地区一级,也就是在市与州之间)和实行邻近治理(a=31.5分,处于纳沙泰尔和拉绍德封之间)方面都处于“中间”位置。我们继而观察到,有关犯罪恐惧的“逻辑”全面支持上述的纳沙泰尔的特征——纳沙泰尔所建立的社区警务时间最长、社区警务概念发展良好、犯罪恐惧感最低。尽管如此,虽然纳沙泰尔的这些特征足以让我们得出总体性的趋势,但有必要指出,平均值之间的差距并不是很大。

就对警察[18]的主观感受而言,我们可以看到拉绍德封的主观感受最消极,见表5。

表5　　三个城市犯罪恐惧感(对警察的主观感受指标)的列联表

		警察主观感受指标				
	城市	NN	≤1.90	1.91~2.20	≥2.21	总计
总人口估计(%)	纳沙泰尔	2.17	39.89	31.66	16.28	90.00
	拉绍德封	0.84	24.34	39.03	35.79	100.00
	里维埃拉	1.66	39.02	27.95	31.37	100.00

在拉绍德封,有36%的人口对警察评价糟糕,其次是里维埃拉和纳沙泰尔。因此,反观之,我们可以说纳沙泰尔的居民对警察的评价最好。可以说,纳沙泰尔长期实行社区警务的事实,对于人们对警察的评价产生了

正面的影响。相反，拉绍德封是三个城市中最近才实行社区警务的，因此人们印象则更为消极。可想而知，长期贴近民众的做法以及制度水平积极地影响着警察在公民眼中的形象（从制度观点来看，与警察越接近，印象越好）。实际上，我们可以清楚地看到，在很多其他事项中，警察形象与它的制度基础联系紧密。的确，在我们的研究结果中可以看到一种拟线性逻辑。纳沙泰尔市具有最贴近的制度基础，也具有公民最好的主观印象。里维埃拉紧随其后（地区制度水平以及比较中庸的印象）。最后是拉绍德封，它是三个城市中公民印象最差的城市。

尽管理论（Roché，2005）表明建立社区警务是为了更好地回应新的安全挑战，比如战胜犯罪恐惧。但是我们必须谨慎地解释我们的研究结果，因为我们并没有做出因果分析。的确，如果作因果分析，我们应当展开历时分析，但是我们并没有进行。尽管如此，我们仍然看到社区警务建立时间越久的地方（如纳沙泰尔），对犯罪的恐惧就越低。这些观察因此而意义非凡。

同时，城市的社会、经济、地理和文化特征也同样会影响犯罪恐惧。首先，沃州里维埃拉外国人比重的重要性就比纳沙泰尔州要重要得多。而且，里维埃拉的经济更为强劲，这在纳沙泰尔和拉绍德封都不是很突出。除此之外，气候条件也需要被考虑在内，比如拉绍德封糟糕的气候。因为普遍而言，气候（消极地）影响居民对于生活质量的感受，乃至对犯罪的恐惧。拉绍德封毗邻法国边界的事实也应当加以研究。简言之，这些情况表明还有其他的一些变量可以解释这些城市中对犯罪的恐惧，这绝不是“社区警务”一个变量能够解释的。

八、结论

治安职责的分配改革产生了截然不同的结果。首先，沃州在削减地方警察方面并不成功，纳沙泰尔州通过长时间、逐步的改革抑制了地方警察。其次，在安全感和警察工作方面，在城镇中执行工作的州警察获得的评价很糟。这种打了折扣的改革成功首先可以从瑞士的政治游戏中得到解释（Horber-Papazian and Soguel，1996；Scheffler，2012）。如果州和市之间无法达成政治妥协，改革则会失败，正如沃州清晰体现的一样。像城镇这样具有否决权的参与主体表明，在瑞士联邦体制下，州强制推行“单级警察”有难度。除政治原因外，治安政策本身也有很强的解释力。由于治安政策传统上是分权的，而且是政治主体身份、价值和权力象征的重要代表，因此不同于医疗或社会保障等其他的公共政策，实行集权化的改革在此困难重重。原则上，没有哪个配备了地方警察的市想要放弃这项工作。而且，地方和州一级的警察任务分配在本研究的各州宪法中都是合法的，这些州的宪法指出市必须直接对治安负责。最后,值得注意的是邦联在警察方面并不具有扩展性的权限,而且也没有警察方面的联邦法律。因此,邦联没有权力迫使州对警力实行集权化管理,同时违背邦联和州之间其他的联合政策。哪怕州为了有效执行属于邦联特殊责任的警察工作而强化它们的治安能力,邦联都应对此心怀感激(Gamma,2004)。

实行改革的困难以及改革所建立的多样性制度安排都阐明了这样的事实,即没有哪一种模式(单级警察、地区化的双层警察或是没有地区化的双层警察)产生了有证可循的结果。因此,各个州仍在试验。而且,如果走向"单级警察"是某些州(例如纳沙泰尔、伯尔尼、沃州和弗里堡)的趋势,但却不是瑞士所有州的可见趋势。某些比较大的州,如苏黎世州,正在巩固双层警察体系。这样做的主要原因是改革遭到了城镇的强烈反对,它们想要保留传统的地方警察并拒绝采用"单级警察"。因此,州政府更倾向于在两个层级上改进系统,而不是继续在集权化改革上耗费精力。在联邦传统中,这还意味着每一种模式都强烈地依存于州的文化(特别是它们的地方警察传统)。没有哪个州想要改变这种文化,因为这可能意味着为了统一州的工作而将某些权限转移给联邦。

尽管如此,在金融危机背景下,州和市不得不采取提高部门效率的措施。因此,治安政策的改革倾向于采取更为理性的行动。比如出现了像沃州那样的情况,当城镇和州同时具有刑警方面的权限时,就需要迫使公共机构削减某些冗员。最近的一些事件(Le Temps,2012)表明,经济论可能是论证集权化转变的重要论据,但是改革进程却证明经济要素还不足以劝服各市放弃它们的警务责任。因此未来的挑战是,为了让地方民众和他们的公共机构满意,州必须证明它们能够管理社区警务。这可能是在瑞士成功实行单级警察的唯一条件。有鉴于此,为了表明社区警务在单级警察和双层警察中的演进过程,就必须对此展开持续研究,并去观察我们初步的研究结果是否得到了证实。受到本研究无法进行因果分析的限制,因此未来对三个城市进行纵向分析和因果分析以准确测量社区警务的影响,并观察警察机构的集权化或是分权化是否在减小犯罪恐惧方面更具效率等方面的研究将意义非凡。最后,同样值得将其他社会、文化、地理和经济变量整合起来进行强化分析。的确,犯罪恐惧由各种不同要素和社会现象构成,对警察的主观印象只是其中之一,因此有必要尽可能多地整合各种变量以便从整体上理解这个复杂概念。

资助

本研究没有接受任何来自公共资助机构、商业或是非营利部门的特定经费资助。

注释

[1] 联邦和州之间最大的新型事务分配改革在2008年生效实行。

[2]我们认为“里维埃拉”是一个类似于城镇的实体，因为该地区主要的三个城市——沃韦、蒙特勒、拉都德佩形成聚集并共同实行很多公共政策，比如公共安全。

[3]2001年，纳沙泰尔州的城镇化水平为71%，沃州为72%。资料来源：www.badac.ch。

[4]这些数据是基于外国人所占居民人口的百分比（2001年，沃州为31%；纳沙泰尔州为23%），以及州财政能力指标的数值而得（2007年，沃州为99分；纳沙泰尔州为63分）。资料来源：www.badac.ch。

[5]权力自主原则意味着上一层级政府只能履行地方一级政府无法有效实施的工作。

[6]邦联也有它自己的刑事警察，被称为“联邦刑事警察”，但是没有穿制服的警察。

[7]例如，位于洛桑、索罗、苏黎世、温特图尔市的刑事警察。

[8]这些州目前的居住人口在15 000到187 000之间（OFS，2012）。

[9]在某些小州，如大约拥有100 000居民的楚格州，市在安全方面没有相应职责（the Constitution of ZG of the 31st January 1864，art. 47，al. b，n°134. 218）。

[10]2012年实施了一些改革，抑制了服务合同。

[11]根据立法规划，这种模式在2015年终止，此时纳沙泰尔市的警察被并入州警察队伍。

[12]数据是基于对瑞士法语区的专家和决策者进行的访谈。

[13]《瑞士联邦宪法》，1999年4月18日。

[14]《纳沙泰尔州警察法》，2007年2月20日。

[15]该指标测量犯罪恐惧感（不安全感）。因此，指标越高，对犯罪的恐惧也越大。

[16]纳沙泰尔市在2011年通过“瑞士受害人问卷”进行了社会调查。我们很难将我们的研究结果与他们的调研结果进行比较，因为我们的结果是通过指标予以呈现的，而他们的是非聚集变量。同时，我们研究中的指标所包含的变量与2011年马丁·卡利亚斯（Martin Killias）等人所做调查的变量并不相同。

[17]a 为平均值。

[18]这里我们测量“对警察的页面感受”。因此，指标越高，对警察的印象越糟。

附录1 对警察及其工作主观感受指标方面的问题

（1）从各方面考虑，过去12个月你是如何发现警察在你的小区/居住地打击犯罪的？

（2）你认为或是一般而言，你如何看待城市中警察的行动和态度？正确的、无情的、有礼貌的、有用的、友好的、贴近公民的、傲慢的、攻击性的、形式良好的、有效的、令人畏惧的、倾听公民的想法、威胁的、容忍的、攻击性的（侵略性的）、无力的（无效的）、可亲近的、代表性的、预防性的、不必要的、全面的、不融通的。

附录2 社区警务访谈小组的问题

(1)你认为人们留意到小区的安全问题吗(事先性的)?

(2)公民们自下而上地与地方警察配合工作,以帮助解决问题吗(不只是"征候"反应)?

(3)社区警务人员是被分配给单独的小区吗?

(4)如果是,他们至少要待18个月吗?

(5)社区警察是独立实行逮捕吗?

(6)你认为预防和镇压职责在你的社区警务中是平衡的吗?

(7)社区警察可以与小区中不同类别的人口(年轻人、活跃分子、老年人等)进行互动吗?

(8)如果是,他们在6个月的时间里就有能力这样做吗?

(9)社区警务人员都隶属某个小区警察局吗(分散的警察局)?

(10)社区警察和其他伙伴(社团、为了良好社区而建的小区社团等)进行协作吗?

(11)社区警察和其他有关警察行动的政府政策方面的官员(教育、城镇化、移民等)一起开展工作吗?

(12)社区警察会在一段时间内进行评估来判断问题是否得到解决吗?

作者简介

卡罗琳·贾科·戴斯孔布斯(Caroline Jacot-Descombes),从洛桑大学获得公共行政博士学位,是瑞士洛桑大学公共行政研究生院的主任。她主要的研究领域为:多层级治理、政策评估制度化、城市规划政策等。她最近发表了(与K. Wendt合著)一篇公共安全方面的文章:《全球的抑或地方的:瑞士公共安全治理的再定义》。

朱利恩·尼克劳斯(Julien Niklaus),公共行政博士,研究警察和公共安全治理以及国家改革。他发表了一些有关社区警务的研究文章。他现任瑞士纳沙泰尔州的副秘书长。

参考文献

Bonvin B (2004) Redefining the state's functions in crime control: A critical genesis of local safety policies in Western Europe. *International Journal of Comparative and Applied Criminal Justice* 28(2): 125–144.

Braun D (2000) *Public Policy and Federalism*. Aldershot: Ashgate.

Canton de Neuchâtel (2006) Rapport du Conseil d'Etat au Grand Conseil à l'appui d'un projet de loi sur la police neuchâteloise (LPol) (du 26 juin 2006).

Canton de Neuchâtel (2007a) Débats parlementaires sur le Rapport de la commission « Police » au Grand Conseil à l'appui d'un projet de loi sur la police neuchâteloise (LPol) (du 18 janvier 2007).

Canton de Neuchâtel (2007b) Rapport de la commission « Police » au Grand Conseil à l'appui d'un projet de loi sur la police neuchâteloise (LPol) (du 18 janvier 2007).

Canton de Neuchâtel (2007c) Séance du Grand Conseil du 20 février 2007.

Canton de Vaud (2007) Séance du Grand Conseil du 30 janvier 2007.

Conseil de l'Europe (1985) Charte européenne de l'autonomie communale. Available at: http://conventions.coe.int/treaty/fr/treaties/html/122.htm (accessed 30 April 2014).

Dupont B (2003) Évaluer ce que fait la police: L'exemple australien. *Criminologie* 36(1): 103.

Ebnöther C (2010) Polizei In: *Historisches Lexikon der Schweiz*. Basel: Schwabe.

Frey R (2006) La reforme du fédéralisme suisse. In: Frey R, Kreis G, Plattner GR, et al. (eds) *Le fédéralisme suisse: La reforme engagée, ce qui reste a faire*. Lausanne: PPUR, pp. 17–44.

Gamma M (2004) Die Aufgabenverteilung Zwischen Verschiedenen Polizeidiensten in Der Schweiz – Reform Des Föderalismus? Revue Suisse De Criminologie (SZK-RSC) 2.

Horber-Papazian K and Soguel N (1996) La répartition des tâches cantons-communes ou le rendez-vous manqué des réformes. *Revue Suisse De Science Politique* (2): 143–164.

Iff A, Sager F, Herrmann E, et al. (2009) *Interkantonale und interkommunale Zusammenarbeit*. Berne: KPM, Available at: http://edudoc.ch/record/37781/files/OAK.pdf (accessed 30 April 2014).

Jacot-Descombes C and Wendt K (2013) Du global au local: vers une redéfinition de la gouvernance de la sécurité publique en Suisse. *Telescope*.

Koller C, Hirzel A, Rolland AC, et al. (eds) (2012) *Staatsatlas: Kartografie Des Schweizer Föderalismus = Atlas De l'Etat: Cartographie Du Fédéralisme Suisse. NZZ Libro*. Zürich: Verl. Neue Zürcher Zeitung.

Ladner A (2009) Die wichtigsten institutionellen Reformen zwischen 1970 und 2010 in Bund, Kantonen und Gemeinden: Welche Rolle spielt die konjunkturelle Lage? In: Nahrath S and Varone F (eds) *Rediscovering Public Law and Public Administration in Comparative Policy Analysis: A Tribute to Peter Knoepfel* (Vol. 4). Lausanne: PPUR.

Ledergerber E (2003) Sicherheit als Standortfaktor im Wettbewerb der Städte. KSPD (Konferenz der städtischen Polizeidirektorinnen und Polizeidirektoren) and der Stadt Zürich (eds). *Perspektiven für eine urbane Sicherheitspolitik, Urbane Sicherheit im 21. Jahrhundert: Referate und Podiumsdiskussion der Tagung von 12. September 2003:1–7. Schriftenreihe der Konferenz der städtischen Polizeidirektorinnen und Polizeidirektoren (KSPD) Bd. 1.* Zurich-Bâle-Genève: Schulthess.

Le Temps (2012) La police judiciaire, le prix à payer pour la sécurité lausannoise. 17 October. Available at: http://www.letemps.ch (accessed 30 April 2014).

Loertscher W (1991) *Les polices cantonales en Suisse*. Renens: IRL Imprimeries réunies Lausanne.

Malochet V (2007) *Les policiers municipaux*. Paris: PUF.

Mirow W (2012) The idiosyncrasies of contemporary Swiss security policy and practice: A strategic culture-based explanation. *Contemporary Security Policy* 33(2): 337–359.

Musgrave RA (1959) *The Theory of Public Finance: A Study in Public Economy*. New-York, NY: McGraw-Hill.

Niklaus J (2011) Espaces publics dangereux, espaces publics en danger: la contribution de la police de proximité. *Prima Facie – Direito, História e Política* 10(18).

Olson M (1969) The principle of 'fiscal equivalence': The division of responsibilities among different levels of government. *The American Economic Review* 59(2): 479–487.

OFS (2012) Bilan de la population résidante permanente selon le canton, en 2012, Available at: http://www.bfs.admin.ch/bfs/portal/fr/index/themen/01/02/blank/key/raeumliche_verteilung/kantone__gemeinden.html (accessed 30 April 2016).

Perritaz S (2003) *Intercommunalité, agglomération et fusion de communes: L'optimal et le possible dans les zones urbaines suisses*. Fribourg: BENEFRI Centre d'études en économie du secteur public.

Proeller I (2006) Wirkungsorientierung – Vision oder Utopie der schweizerischen Verwaltungsmodernisierung. In: Birkholz K (ed.) *Public Management – Eine neue Generation in Wissenschaft und Praxis: Festschrift für Christoph Reichard.* Potsdam: Universitätsverlag Potsdam.

Rémy M (2008) Droit des mesures policières : principes généraux, cadre juridique et coopération policière. Zürich: Schulthess.

Roché S (2005) *Police de proximité. Nos politiques de sécurité.* Paris: Seuil.

Scheffler J (2012) Einheitspolizei: Wegweisendes Modell oder falscher Reformeifer? Zur Diskussion um die Zentralisierung polizeilicher Organisationsstrukturen auf kantonaler Ebene. *Sécurité & Droit* 2: 87–100.

Tiebout CM (1956) A pure theory of local expenditures. *The Journal of Political Economy* 64(5).

Trojanowicz R (1994) *Community Policing: A Survey of Police Departments in the United States.* Washington, DC: Department of Justice.

Tschudi HM (2003) Lokale und regionale Verantwortug: Der schweizer Föderalismus als Vor- oder Nachteil für Die Sicherheit in den Städten? In: KSPD (Konferenz der städtischen Polizeidirektorinnen und Polizeidirektoren) and der Stadt Zürich (eds) *Urbane Sicherheit Im 21.* Jahrhundert: Referate und Podiumsdiskussion der Tagung von 12. September 2003, pp. 25–40.

Ville de Neuchâtel (2016) Ville de Neuchâtel. *Les premiers pas de la sécurité urbaine.* Available at: http://www.securite-urbaine-ne.ch/index.php?id=4393 (accessed 30 April 2016).

Is centralisation the right way to go? The case of internal security policy reforms in Switzerland in the light of community policing

Caroline Jacot-Descombes
Swiss Graduate School of Public Administration (IDHEAP), Switzerland

Julien Niklaus
Swiss Graduate School of Public Administration (IDHEAP), Switzerland

Abstract

Looking from the angle of the allocation of tasks between cantons and municipalities in Switzerland, this article analyses how security reforms tend to concentrate police institutions at the cantonal level and eliminate local police in order to improve efficiency. As the shift to centralisation is being implemented through consensus-building, cities claim to be special cases and succeed in conserving their local police. The analysis focuses on two cantonal reforms through qualitative data. The results show that institutional changes have led to three main arrangements after reform: the centralisation of police (the municipalities buy the services of the cantonal police); regionalisation (several municipalities implement their policing activities together); and decentralisation (the city conserves its local police). In regard to which arrangement produces the best impact, an evaluation of the perception of actors (citizens and police) shows that the police's work and the feeling of security are better in a decentralised setting.

Points for practitioners

Political issues are at the centre of reforms that aim for a new distribution of responsibilities between levels of public authorities in the Swiss security sector. They can strongly influence the new arrangements introduced by reform. Even if cantonal decision-makers have solid arguments to centralise a task, the power of municipalities is stronger. This leads to an asymmetric federalism, where cities can maintain their police and municipalities have to buy cantonal police services. As the decentralised option is better evaluated by citizens and the police, centralisation reforms are difficult to implement where there is a tradition of local police.

Keywords
Allocation of tasks, community policing, decentralisation, fear of crime, local security, performance contract, police, regionalisation

国际行政科学评论

英格兰的规划:新公共管理、网络治理还是后民主化?

马丁·拉芬
Martin Laffin①

翻译:宗　闻　　审校:杨　阳　吕　芳

【摘　要】 本文用三种理论框架——新公共管理、网络治理和后民主化——研究了英格兰土地使用规划领域里的制度变革。本文用这三种框架来评估过去20年里土地使用规划政策集权或分权的程度。在这一问题上,上一届工党政府(1997—2010)和保守党领导的联合政府(2010—2015)意见相悖。前者引入了规划政策并辅以地区行政机制,后者运用了地方主义的规划体系和次地区的地方企业伙伴关系。本研究认为,工党和保守党领导的联合政府都使用了加强集权的政策,但具体表现形式有所不同,尽管两党都拒绝给予任何次国家机构以政治或其他资源,防止其挑战位于威斯敏斯特的中央政府的权威。

对实践工作者的启示

研究公共行政问题的主要分析视角是新公共管理和网络治理。本文提出了第三种分析视角,即后民主化,这一角度尚未被用于公共行政领域

① 通信作者:
Martin Laffin,Queen Mary University of London,Mile End Road,London E1 4NS,UK.
E-mail:m. laffin@qmul. ac. uk

的研究。在后民主化的理论框架下,本文将政府大臣描述成在传统的大众政党正逐渐削弱的背景下,用新方法保持国家经济竞争力并以动员选民支持为目标的“政治—行政管理者”。因此,大臣越来越遵从商业利益和民粹主义政治,这种做法时常会挑战政府内部固有的行政和专业人士的利益。本文就是运用英格兰土地使用规划的案例,探讨这种政治转变带来的影响。

【关键词】 行政组织与结构;政府间关系;现代化;规划;公共部门改革;地区和地方政府

一、引言

作为一门学科,公共行政研究忽视了将土地使用规划作为一项研究课题来分析探讨。公共行政学文献侧重于研究中央和地方政府普遍化的制度机构,以及服务供给等主题,忽视了很多实质性的政策领域。即便是在实质性的政策领域,公共行政学者大多关注大规模支出的服务,如教育和社会服务。确实很少有学者从公共行政的角度研究土地使用规划政策,即便很多相关研究本身就在强调新公共管理和治理理论的观点。本文认为对规划领域的研究会给公共政策和行政机构的现代化改革带来深刻启发。在引言部分,本文试图回答库尔曼和威因伯格(Kuhlmann and Wayenberg)提出的问题,即无论是有意还是偶然,中央政府在多大程度上改变了地区和地方政府,特别是这些改革使权力更集中还是更分散。

通过研究过去 20 年里英格兰的土地使用规划政策,本文进一步探讨上述这些问题。上届工党政府(1997—2010)的规划政策与保守党领导的联合政府(2010—2015)相悖。工党实行以经济发展和经适房供应为导向的空间规划体系,这一政策考虑到了环境及可持续发展等因素,但这并非是主要驱动力。2010 年大选后不久,联合政府就废除了这一体系中的一些关键政策和地区性机构,以彰显责任内阁在威斯敏斯特体系中快速行动的能力。保守党认为工党的规划政策太过集权,所以才会失去英格兰东南部郊区选民的支持,并且损害了房地产开发商的利益。因此,联合政府进行了规划体系的改革,用次地区性的经济发展机构代替地区性机构,并强化地方政府和社区的规划决策制定权。本文部分引用了作者对经济发展和住房政策的研究(Laffin,2013,forthcoming;Laffin et al.,2013),该研究通过引用大量二手资料,有助于本文对联合政府执政时期住房政策的探讨。

本文运用三种理论框架——新公共管理、网络治理和后民主化来探究公共管理变革中的集权/分权等问题。本文首先概述了战后的规划政策,然后比较了工党政府和联合政府的土地规划政策。结论部分评述了两届政府执政时期制度变革的方向,是趋于更加集权还是分权。

二、新公共管理、网络治理及后民主化

(一)新公共管理与规划

在过去 30 年的公共行政学文献中,“新公共管理”的相关研究占主导地位。公共行政研究从传统公共行政转向新公共管理,人们普遍认为后者能够提升政府管理的效能和效率。新公共管理的提倡者建议采用新的、理性的方法,关注结果和效率,以此来改革循规蹈矩且不注重外部反馈的行政体制。关于新公共管理的定义莫衷一是,但学者主要强调以下几点:①从庞大的政府机构中不断分离出职能专门化的组织单元;②通过利用与政府业务竞争的非政府组织,将服务供给中的委任职能分离出来;③通过明确规定的绩效标准和结果指标来衡量绩效,而不是采用过程控制的方法(e. g. Dunleavy and Hood,1994);④与此同时,通过加强中央政府的调控职能,来有策略地制定政策——那些公共部门内外的供给组织就享有充分的自主权来决定实现政策目标的方式。新公共管理的逻辑就是鼓励政策制定者将政府职能去政治化(Flinders,2008)。

新公共管理与行政分权相关,因为服务供给职能已从政府的核心部门转移到非政府机构中;与此同时,中央政府的战略调控能力得到加强,从而形成了政治集权。新公共管理也与强调执行权的威斯敏斯特模式紧密相关,工党的英格兰现代化项目(1997—2010)经常被描述成是新公共管理或管理主义驱动的集权的例证。

规划的制定既保留了传统公共行政的模式,也采用了新公共管理的方法。空间规划策略(比如 20 世纪 70 年代实行的英国结构计划)已经使用了新公共管理的方法,强调结果和目标,将战略规划的制定与决策相分离。然而,策略性规划也借鉴了传统公共行政的假设,因为规划制定涉及以过程为主导的法治模型,而不是以结果为导向的模型,前者强调了在公共政策制定和实施过程中的参与、透明化和公共服务的价值化。同时,在实践中,地方规划更偏向于采用传统公共行政理论,而非注重结果的新公共管理模式,因为发展调控有必要遵从流程和规则。这么做的重要原因包括:可能出现司法上的质疑、对财务造成的巨大影响及相关合法性问题。我们将看到,规划的拖延和进程已成为政府和企业利益集团长期关注的问题。

(二)网络治理

近年来,网络治理逐渐成为公共管理研究新的分析框架。早在网络治

理概念形成前，实践中的规划就已具备某些网络治理的特征，这就要求学者在研究时避免采用传统公共行政—新公共管理—网络治理这一线性发展的理论分期模型。40 多年前，弗兰德等人（Friend et al.，1974）把规划师定义为穿梭在纵横交错的复杂关系网里的沟通者。然而，网络治理方面的理论学者提出了更加大胆的主张，他们将近年来社会和政府的变革看作是一种范式转换、一种全新的治理过程、一种规则的改变，也是一种社会治理的新路径（Rhodes，1996：652—653；see also Chhotray and Stoker，2009；Rhodes，2007；Sorensen and Torfing，2006，2009）。不同于新公共管理理论，网络治理认为社会正朝着分权的方向发展，政治权和行政权逐渐变得分散。一些研究者认为网络治理的兴起主要是由于新公共管理在实践中存在着诸多弊端。网络治理领域的理论学者认为：①网络化正在超越行政层级制成为一种新的协作模型，而新公共管理和传统公共行政仍然以行政层级制为基本假设（需要特别指出的是，横向关系网越来越重要，在关系网中社会参与者拥有了更多自由，中央政府的参与被削弱）；②越来越多的非营利组织和私营部门参与提供社会服务，在这方面，这些政府外的参与者与政府势均力敌，促使中央政府的决策者与它们展开合作而非简单地下达命令；③中央政府依靠更加柔和、间接的方式来指导其他社会部门，而不是运用以前那种直接的“指挥—控制”式的政策工具。

（三）后民主化

新公共管理理论认为，国际公共管理的发展趋势以及学者对过时的传统公共行政理论的否定，是驱使公共管理变革的主要因素。与之相同，网络治理的倡导者认为，网络治理的兴起顺应了管理领域的发展趋势，解决了新公共管理存在的弊端，尤其是新公共管理对单一组织视角的假设，忽视了组织间的协调合作。与此相反，后民主化将政治经济领域的变革归功于管理变革之外，认为变革的驱动力来自于大众政党的衰落、中立的政治精英的兴起以及不断增强的政企关系。后民主化理论强调“作为主要大众参政模式的选民参与，以及拥有广泛自由的游说活动，这里主要指商业游说，以及一个不干预资本主义经济的政体”（Crouch，2004：3）。因此，选出的领导人重视赢取内阁的信任，没有太多动力来培育广泛的公民参与，或其他商业部门以外的其他组织机构参与（Crouch，2004：3）。政治阶层“想方设法防止民众积极探究其自身的秘密、组织反抗运动，或是做出其他扰乱政企紧密联合下的严格控制的活动”（Crouch，2004：112）。

后民主化理论主要研究的是大众政党的衰落。英国及其他发达国家的政治官员不再领导那些根植于阶级认同和大众参与的政党。因为根植于阶级认同的政策已显得多余，他们相反会采用民粹主义的政治路径。从战后到20世纪70年代的这段时间里,公共服务的很多领域都被授权给了专业人士占主导地位的政策群体,这也超越了政党竞争的界限(Moran,2003)。在政治官员挑战一度曾是专业化行政决策这一秘密花园的过程中,新民粹主义对立政治的运用显得尤为明显(Moran,2003)。因此,曾经在协调中央与地方关系方面起重要作用的专业人士的作用已受到严重削弱,与其他国家相比,这一作用原先拥有非同寻常的重要性。基于上述论证,接下来本文要探究两方面问题。第一,政党竞争已经弱化为取得社会变革的组织机制,取而代之的是新民粹主义政治的兴起,这对福利体制进行部级层面的微观管理提供了动力,莫兰(Moran,2003)称为"过度政治化"。第二,大臣的角色也发生了变化,更侧重于"政治—行政管理",也就是指如何在多变的民粹主义政党竞争中管理福利体制,同时在越来越复杂的党内微观政治中维护个人权力。因此,我们将会看到,自20世纪80年代后期以来,规划政策及其组织结构都反映出了新工党和保守党的党派利益和意识形态。

三、英格兰的中央—地方关系及规划(1997—2014年)

战后背景

两个主要的政策主题主导了战后英国规划政策的制定,并且直到1979年撒切尔领导的保守党政府上台之前,这两个主题在政党间都得到了同等程度的关注。第一个主题关注的是随着战争中北方工业经济出现衰退,而伦敦及东南部地区经济不断崛起,英国国内地区发展的不均衡不断加深(McCarthy et al.,2012:126)。确实,许多决策者将伦敦看作是世界金融活动的中心,认为伦敦的崛起抢走了对制造业和贫困地区的投资。战后,历届政府努力将工业投资重新引向贫困地区,引向伦敦及其东南部以外的地区。这与法国的国土整治与规划政策如出一辙,二者都以"空间巩固"为基础将发展利益分散到各区(这一政策一直延续到2005年)(see Couch et al.,2011:22)。在20世纪70年代早期,因为担心遏制东南部地区经济的发展会危害整个英国的经济竞争力,保守党及其后的工党政府放弃了这一积极的地区再分配政策。

第二个关键主题是住房供应。在20世纪50年代和60年代,主要是地方政府,以及部分私营开发商建造了大量住房以应对战后急剧的住房短缺。大量的新城镇成为工业发展的中心,为贫民窟清理行动中的流浪者提供了住处,尤其是伦敦城内及其他贫困地区。1947年规划法案规定应在大都市周边建设"绿化带",这使中产阶级的郊区环境得到了大范围的保护。但是,我们将会看到正是这些绿化带引起了英格兰东南部地区住房的临时短缺。

地方政府在规划制定、开发管控以及社会保障房直接提供方面发挥了重要作用。1968 年,郡议会负责起草结构规划,即一个策略性的政策框架,用以明确未来土地使用的总体方向,而不细分到具体地点。然后区议会根据这个框架制定当地的规划方案。而中央政府的决策者则在中央和地方政府中雇用大量专业规划师(Thomas,1998),这一点与英国通过人员专业化来实现中央政府对地方政府的间接管控的做法是一致的(Laffin,1986)。

1979 年后,撒切尔领导的保守党政府决心与战后反映在规划政策中的集权政策决裂。在执政的 18 年里,保守党朝着后民主化方向发展,对地方政府、公务员及其他公共部门专业人员进行了更加直接的政治管控。在规划及其他相关领域,保守党逐步取消了专业人士占主导地位的政策团体,在智囊团中用商业利益取代专业利益(Laffin and Entwistle,2000:211—212)。他们削弱了战后的规划策略,去除了被视作改革进程一大障碍的政府层级。1979 年,保守党还废除了前工党政府设立的地区经济规划议会,并在 1986 年废除了大伦敦议会及 6 个都会郡。具有讽刺意味的是,这些机构部分是由前保守党政府创立的,肩负着为英格兰主要大都市进行战略规划的任务。正式的决策制被下放到地区政府,而规划规章的制定则向上级政府集中,因此,这就成功限制了地方政府扩建大量的郊区购物中心。然而绿化带仍然神圣不可侵犯——也许正是绿化带保护了环境并稳定了保守党腹地的房价。以市场为导向的经济发展政策使地方政府的权力被进一步削弱,该政策引进了企业园区(现在又被联合政府再次运用),将开发商引入主要城市中的经济衰退的地区。这样,规划就被分化成了一种过程,但地方政府却因放松规制而交权于中央政府及其商业盟友,尽管企业园区及开发商受到的影响有限(Hall and Tewdwr-Jones,2011:140—141)。值得注意的是,不同于其他大多数地方政府服务,规划服务并未受到保守党强制性竞争招标政策的影响,因为大臣知道规划制定是政府不可逃避的核心职能,他们也了解规划决策给经济带来的影响。在 20 世纪 80 年代中期,保守党政府通过颁布指导原则加强了规划专员的地位,原则指出,如果议员的建议与规划专员的意见相悖,在有关规划的申诉中,中央政府不一定会支持地方议员(Thomas,1998:86)。这一指导原则强调了在中央地方关系中,了解地方情况的专业规划师将继续发挥重要作用。

梅杰领导的保守党政府(1990—1997)重新引入了地区规划政策,颁布了《地区规划指导条例》(地区协定的经济发展策略),以此来争取欧盟的结构基金。该条例对土地使用做出了狭义的规定,却忽视了地区的具体环境,并严格受控于中央政府(Baker,1998)。

1994 年,在整合原有中央各部门地区办公室的基础上,建立了新的地区政府办公室,这些办公室作为区级行政机构负责管理欧盟结构基金,并旨在提升地区间的协调水平(Mawson and Spencer,1997)。因为新地区政府办公室主要负责指导协调地方、次国家的政府部门、代理机构以及企业来执行国家公共政策,缺少地区性的话语权,所以该办公室的设立是中央集权政策在地方层面的体现,而不意味着政策的地区化(McMillan and Massey,2001:27;Pearce et al.,2008:443)。

1980年以后,社会保障房的供应量开始下降。截止到1979年,1/3的英国住房由议会所有——与其他国家相比,这一比例高得不同寻常。随后,保守党政府采取措施降低了这一比例。有关购买权的政策迫使各郡议会以大减价的方式出租房屋给租户(大量的收据到了财政大臣这里,这样,中央政府就有效地没收了地方政府的资产)。这些政策变化明显是受党派利益的驱使,试图打造一种支持保守党且拥有住房的民主氛围,同时削弱工党议会所在的传统选区的选民支持(Laffin,2013;Malpass,1993:28)。在此基础上,保守党政府继续削减议会供给,将房屋供给交由非营利性质的住房协会负责。这些政策使得社会保障房的相关投资大量减少,对新住房及住房维修的公共投资也随之下降。由此,保守党政府降低了住房开支在国内生产总值中的比重,直到2000年,工党才终于提高了这一比例(Mullard and Swaray,2006:498)。这些政策变化,加上政府对住房按揭贷款管制的放松,使得住房"从一项公益事业转变为增加个人财富的投资工具"(Watson,2009:63)。

四、工党的规划改革(1997—2010年)

工党的改革计划起初侧重于提高公共服务质量,尤其是在教育和医疗领域。新工党注重听取选民对于更好的政府服务的呼声,并通过其苏格兰分支,建立了对苏格兰、北爱尔兰及威尔士的长期授权机制。随着这次全英范围内的授权活动,新的地区发展机构应运而生。新地区发展机构的创立部分归功于北工党议员,他们要确保本地区的发展不会因新上任的强有力的苏格兰政府蒙上阴影。地区发展机构的人员设置是直接任命而非选举产生的,包括工商和志愿部门的代表,但主要是地方政府的官员。2004年东北选区公投失败后,工党将地区政府办公室和地区发展机构改革成由选举产生的地方政府机构的构想也陷入困境。工党大臣并不致力于推动英格兰的地区权力下放,因为这一政策基本不能给他们拉来选票。时任副首相约翰·普雷斯科特(John Prescott)一边要应对来自东北选区选民的反感,一边要应对工党内部领导人的冷淡,包括5位代表东北选区的内阁大臣[其中就有托尼·布莱尔(Tony Blair)]。

早在2014年工党第二届任期开始之初，约翰·普雷斯科特就提出当时的规划制度已岌岌可危，工党要进行相应的改革，使之“更有针对性、高效且有效”（Clifford，2013：361）。因此，大臣采用了更多由国家主导的规划政策，而不是保守党擅长的以市场为导向的政策；并通过设定国家的优先规划，限制地方决策权，使管理集权。有些学者认为，与之前保守党无力的行政化的土地使用管制相反（Allmendinger，2011），工党使规划得以重生，成为全新的空间规划政策（e. g. Nadin，2007）。对规划的重新设计确实反映了工党的意识形态，即侵占专业规划师的决策空间。奥尔门丁格和霍顿（Allmendinger and Haughton，2009：2546）将工党的“规划重塑称作是对原有规划的重新排序，并使之与新工党的发展项目相契合”。因此，新规划政策侧重于建立土地使用决策和其他领域发展目标之间的关系，尤其是增加就业：这一体系“超越了传统意义上的土地使用规划，将土地开发和使用规划与其他领域政策规划相融合，以此来决定地块的性质和功能”（ODPM，2005：para. 30）。新政策包含四个层面：国家政策声明；地区空间策略；次地区策略（次地区这一概念第一次得到官方认可）；以及在地方政府层面的地方发展框架、地区行动计划和总体规划。这一制度着眼于地区空间策略，侧重制定本地的规划但也受中央政府的指导，使其与国家规划政策，尤其是在住房土地的分配问题上保持一致（Morphet and Pemberton，2013：386）。大臣提出地方政府服务现代化的目标，并用一系列绩效考核来加快对发展的管控，使地方政府注重过程申请而不是起草发展计划（Allmendinger，2011）。具有讽刺意味的是，政府原本决心简化规划制度并使之现代化，结果却使其变成了充满繁复层级的规划。这些层级的产生部分是由于大臣意见的不一致，不确定哪个次地区层面会成为推进中央政策最有效的平台，从而为中央政府带来必要的政策杠杆。

在工党政府的第二届任期内，住房重新成为一项相当重要的政治议题。在英国东南部地区，住房负担能力不断减弱。这威胁到了被大家称作是英国经济动力基础的地区经济增长（Barker，2004），同时也因为越来越多的人开始排队申请社会保障房，低收入家庭的住房条件恶化。约翰·普雷斯科特（John Prescott）在其《可持续发展的社区》（ODPM，2003）中提出了两项首要任务，即增加东南部地区的住房供给并提高相应支付能力，以及对北部城区的住房市场进行改革。考虑到英国东南部地区的政治敏锐性，他计划建造“可持续发展的社区以解决供给短缺问题，而放弃对市郊、毫无生气的房屋以及集体宿舍式城镇的建设”（Laffin，forthcoming）。保守党的影子大臣指责该规划是“对北方地区的胁迫，使南方地区变成钢筋混凝土的丛林”（Laffin，forthcoming）。

财政部从经济竞争力而非社会公平的角度强调了住房供给下降带来

的危害。可负担的住房的短缺会严重削弱东南部地区“促进国家经济增长的动力”,降低“该地区及英国与其他欧盟发达地区的竞争力”(ODPM, 2003:46)。东南部地区不断攀升的住房成本加剧了该地区技术劳动力的短缺,特别是伦敦周边郊区及农村政府部门长久以来不愿建造住房,尤其不愿在绿化带中建造。2003年,财政部组织了相应的委员会并发布了研究住房支付能力现状的《巴克报告》(Barker Report)。该报告指出过去30年里,尽管住房需求增长了1/3,但住房建造量却减少了一半,其中2001年的住房建造量为175 000所,是自1945年以来最低的一年。这样的情况在伦敦尤为明显:1993年至2002年间,住房成本从低收入家庭年均收入的4倍增长到8倍。巴克的调查研究指出,英国的房屋建造完全不考虑飞涨的房价,开发商将目光投向了更容易获利的低密度绿化带,而不愿在一片黄土上投资。她将矛头指向规划制度,而不是开发商,尽管前工党的大臣私下里经常指责大型地产开发商的囤地行径(Laffin, forthcoming)。作为一名经济学家,巴克建议对规划政策进行改革,她认为“压力集团有能力阻止开发商的囤地行为,这也意味着他们具有影响规划制度的特殊能力”(Barker, 2004:para. 3.48)。然而事实是地方政府通常反对新建住房——它们没有发放规划许可的动力,而中央政府也缺少制裁措施来强制这些部门执行住房建造目标。巴克认为对于宏观经济的稳定和可支付能力的提高来说,更负责任的住房供给及更低的房价至关重要。

工党大臣通过地区规划机制给地方政府下达了住房目标,以此来推进经济适用房的建设。保守党提出反对,因为这影响到了他们在东南部地区市郊腹地的影响力。政党间的紧张局面促使工党政府进一步运用政策工具,来应对市郊居民对住房建设的抵制。这一政策采用了地区住房目标的形式,包括具体的社会保障房分配方案,分配方案从地区层面直接下达到地方政府。地区空间策略成为所有地方政府进行地方规划的一部分,而“中央政府也可以通过分配住房用地来施加压力,从而形成了一种地区与地方间的紧密关系”(Morphet and Pemberton, 2013:386)。2008年,大臣强化了这一供给链,并在合并现有机构的基础上(房产公司和英格兰策略联盟)建立了全新的家庭社区发展机构,来增强对地方政府的影响。其中一个主要目的是增加东南部地区新建住房的数量。然而,保守党又一次反对这种“自上而下中央集权式”的“家庭社区发展机构”。他们认为,这一机构的运行“加上那些其他未经选举产生的地区发展机构会凌驾在当地的社区之上,并进一步剥夺民选地方官员的权力,使他们被由政党任命的家庭社区机构官员左右”(Schapps, 2007)。

工党还进行了社会保障房改革,加速将议会拥有的住房转到非营利性的住房协会的名下。这一政策的出台部分是由于大臣已对地方政府感到失望,另一个原因是议会住房急需修缮,这需要通过协会引进更多私营部门的投资(Laffin,forthcoming)。2008 年之前,英国房地产公司是非营利性住房协会的主要监管者,那时,这些住房机构是主要的服务提供部门,负责管理半数以上的英国社会保障房。更重要的是,在地方政府已大规模停止议会住房开发的时候,这些非营利住房机构负责建造了几乎所有的新增社会保障房。英国房地产公司的职能得到重新划分,保留了投资业务,将分配许可职能交给了家庭社区发展机构,将监管职能分给新设的租住服务局。大臣尤其希望能保证新的监管协议可以让企业投资者和私人投资者都满意(Laffin,forthcoming)。租住服务局的角色往往是自相矛盾的,它既要获得私营部门对住房协会的投资,又要保障租户的权利(值得注意的是,服务局并未任命租户代表)。

执政中的工党:小结

地区发展机构并未缩小最发达和最落后地区之间的差距(Work Foundation,2012)。因为这些机构可用的经费有限,尤其考虑到缩小差距这一任务的艰巨性,它们没有足够的法律支持,对关键性政策层级的管控不足,也缺乏抗衡中央政府的政治基础。基础设施投资,尤其是在交通方面,一直向伦敦及其东南部地区倾斜;伦敦地区人均公共资本开支达到 5 425 英镑,西北地区人均 1 248 英镑,而东北地区人均只有 223 英镑(IPPR North,2014:19)。新的地区机制很大程度上是中央集权式的,形成了一种纵向层级化的服务供给模式,并没有成为一个独立的政策动议源泉(Laffin et al.,2013)。地区规划也没有将基础设施、住房、城市扩张、经济发展及环境保护等因素融合起来。正如巴克和黄(Backer and Wong,2013:90)所认为的那样,"政治孤岛"式的政策观点仍是主流,新的制度框架尚未发展成熟,也缺乏合作机制,并没有为地区政府提供一个融合性更高的地区空间发展策略。派克和托梅内(Pike and Tomaney,2009:29)将工党设立的英国经济发展地区机构的性质描述为:

> 去中心且网络化的,是充满各种空间规划实体机构的多元治理形式,因而减少了国家层面的影响。同时,这也是一种无须转移权力和资源就将经济发展责任下放给下级机构的政策工具。

换言之,横向关系通常胜过纵向关系的网络治理有其本身的局限性。与其相似的是,工党的转移政策意味着大多数社会保障房不再归市政部门管辖,而是由非营利机构(登记过的社会房东)来运营,并受中央政府监督。这一新的监管制度代表了一种十分显著的中央集权模式,尤其与之前市政管理制度相比,原先的体系赋予了地方政府相当大的自由裁量权(Laffin,forthcoming;Mullins and Pawson,2009)。

工党的战略空间规划未能达到人们的预期,并与其现代化项目中的其他政策一样,都遭遇了很多问题。调研以及起草规划所用的时间远远超过大臣预计所需的时间,到保守党上台时,规划政策还未全部实施(Allmendinger,2011)。规划决策制定的速度一直饱受诟病,而在关键性的商业利益方面,人们批评规划制度并未考虑其对国家经济竞争力的影响。工党大臣将种种指责归咎于地方政府和相关规划师,后者将矛头指向大臣和没有做好准备的公务员,然而这样的制度设计本身就是在试图完成太多自相矛盾的目标(Clifford,2013:362)。

五、保守党领导的联合政府的规划改革(2010—2015年)

保守党执政后,致力于大幅削减公共开支,弱化政府角色,其中有四项关键的政策主题对规划政策产生了重要影响。他们提出了大社会这一构想,想建立一种新的国家—个人关系,侧重于赋予个人、家庭和社区以掌控其自身生活的权力。但是实践证明这一构想很难实现,它最终也渐渐淡出了保守党的政策议程。保守党的理念是如果中央政府取消了某项服务供给,而该服务真的很有必要,那么地方政府会自行组织为公民提供该项服务,并且无须采取带有工党特色的政策框架(Norman,2010)。秉承地方主义的执政理念,在2011年的地方主义法案中,保守党政府放权给地方社区,承诺"当地居民强有力的鼓励使其支持对当地的适当开发",并保证他们能从开发活动中获得直接回报,地方政府也被赋予了大量的自由。与此同时,公共部门去层级化的政策意味着要去除政府部门中"不必要"的层级,比如地区层面的机构。最终,政府在公共部门领域进行了大规模的削减,英国经历了所有发达经济体中规模最大的开支削减(Taylor-Gooby and Stoker,2011:6)。2010年至2015年间,地方政府的开支削减幅度超过了1/4。

上台几周之内,保守党政府就开始落实这些政策议题。他们取消了地区规划层级及支撑其运转的制度机制,并将工党的战略空间规划"重新政治化",称工党的政策无论在意图上还是形式上都太过中央集权。同时,他们还废除了地区发展机构、政府地区办公室,甚至取消了住房建设目标,以及工党的战略空间规划机制(这些改革体现在保守党宣言里)。地区空间策略更被认为是:

集中了现行规划体系的劣势:成本高、准备过程长,且疏远了民众。地区空间策略将发展规划强加于社区之上,不但没能鼓舞公众与政府一起促进当地发展,反而激起了当地民众的反对(BIS,2010:para. 3. 5)。

因此,保守党政府轻而易举地废除了原有的地区机构和战略规划制度,证明了威斯敏斯特内阁政府强大的执行力,此举也并没有遭到反对。重要的是，工党大臣甚至在空间规划的原则方面都没有达成跨党派共识，这一点十分致命，不过也并不奇怪，因为现在党派利益和意识形态使规划制定越来越后民主化。保守党一贯反对工党的空间规划框架及其制度基础——除非规划方案跟他们的郊区绿化带规划利益一致。新上任的保守党领导的联合政府将规划制度引向了完全不同的方向。他们的执政理念是要减少机构冗余，强调政府"去层级化"的必要性，这意味着要取消地区层面的机构。

对于联合政府的大臣而言，规划"严重影响了经济发展，减缓了政府促进就业增长和商业发展的速度，后两者才是亟待解决的问题"（DCLG，2011：1）。废除工党住房建设目标的这一举措缓解了英格兰东南部地区及市郊议员的压力，许多保守党的地方官员立即削减了计划供应的房屋数量。全国范围内的住房规划被废除，减少了地方社区供应低成本住房的压力，尽管东南部地区仍需要大量的社会保障房。新的国家规划政策框架（DCLG，2012）缺乏实质性内容，非但没有减少反而增加了规划决策的不确定性[参见地方政府的证据（DCLG Select Committee，2014）]。家庭社区发展机构的权力和资金都被削减，给东南部地区的地方政府带来了住房建设的压力。联合政府受到了来自住房建设方和开发商的双重压力，重新设计了规划制度，采取激励措施鼓励地方社区支持住房开发，以此来解决党内长期存在的市郊居民和房屋开发商之间的矛盾。联合政府将规划决策权下放给地方政府和社区（教区及城镇一级的议会），地方社区拥有了新增的住房建设权，可以开展小型开发项目，无须再单独提交规划申请，从而使整个开发流程更加简洁。这样一来，联合政府就回避了过热的东南部住房市场所带来的，尤其是当地竞争力的下降及无家可归者的安置等问题。尽管新的国家规划政策框架（DCLG，2012）确实强调了住房需求并鼓励地方政府进行房产开发，然而较低的新增住房量表明市郊居民"别建在我的后院"式的抵抗仍然存在。因此，新增住房量持平在 110 000 套，直到 2013 年至 2014 年间才出现了微量增长（达到 132 320 套），但仍与 2007 年到 2009 年的新增住房量相差 36%以上，多数房产业专家认为，这仅达到了满足住房需求所需数量的一半。

联合政府重新设计了经济发展供给制度，在"次地区"层面用 39 个地方企业伙伴关系代替原有的地区发展机构，他们认为这样的伙伴关系符合"自然经济区划"（BIS，2010：para. 2. 4）。具有讽刺意味的是，大多数伙伴关系的服务覆盖范围与先前保守党政府在 1974 年重组后，更高一级地方政府所服务的地理地区相似。一些城市，尤其像利兹和曼彻斯特，已经获得市级区的地位。表面上看，地方企业伙伴关系这一政策框架赋予了次地区参与者高度的自由来决定伙伴关系该如何运行——自行决定组织设置（除了主席和至少一半的董事应由企业界的代表组成）、行政支持及其人员配置。实际上，他们的规模和资源都远不如地区发展机构，而有限的资源和规模意味着他们难以在“次地区”层面抗衡伦敦政府的政策。因此,地方企业伙伴关系反映出当时夹在中央和地方政府之间的中间层级的无力状态(Pugalis and Townsend,2012),这看起来是制度的分权,但其实是非正式的集权。因为这些组织缺少组织能力且政策职能不明确,这种集权进程可能还在加剧,使其无法挑战强有力的中央政府(Laffin et al.,2013)。因此,建立地方企业伙伴关系时的分权承诺“变成了明显的集权进程”,原先地区发展机构一些职能,如招商引资、改革创新、欧盟基金管理等都被集中到中央政府层面(McCarthy et al.,2012)。有趣的是,直到 2014 年,即便社区部和地方政府谈到地方企业伙伴关系时,也称其缺少“地方特色”。

地方企业伙伴关系能否缩小国家规划和地方发展之间的“鸿沟”,仍值得探讨(Pugalis and Townsend,2013:115)。伙伴关系旨在寻求“三种规划形式间的平衡,即策略开发、顾问职能和游说角色”——但都缺少明确的权力义务规范(Pugalis and Townsend,2013:115)。政府并未赋予这样的伙伴关系以法定的规划权力,所以无论是在地方政府层面还是地方以下的社区层面,他们对地方规划决策的影响很有限。然而,借鉴赫赛尔坦的报告(Heseltine,2013),中央政府在 2011/2012 年至 2016/2017 年 5 年的时间里,建立了 32 亿英镑的地区发展基金,这远比赫赛尔坦建议的数目少。经济衰退加剧了以伦敦为中心的东南部地区和英国北部地区的发展差异,北部地区的伙伴关系担心经济停滞会加强南部地区吸引新投资的竞争力。现政府对“经济发展”的重新定义进一步加剧了这种担忧,经济发展也变得更加狭义,从工党强调的再生产干预模式(包括脱贫等议题,包含潜在的社会再分配)转向一种增加机会、促进企业发展的“扩散经济”,这种经济模式几乎不受干预,不需要像先前地区发展机构一样进行资源分配。这种对规划的严格限定也体现在当代保守党政府缩减政府规模的项目中。

联合政府:小结

保守党领导的联合政府采用了以商业利益和“新地方主义”为主导的全新经济发展模式。这意味着规划制定更加分权,建立次地区政府、社区(教区和城镇议会)层面的规划发展决策层,并废除中央制定的住房目标,取而代之的是更灵活的目标。房地产开发变得更加分权,但是住房建造,尤其是社会保障房供给能否重新开始仍有待探讨。保守党政府的规划改革清除了整个地区层面的行政机构,一些地区机构的职能被划分至次地区层级。企业的角色在地方企业伙伴关系中得到了强化,但是它们所拥有的权力和资源与地区发展机构相比仍然有限,不足以挑战中央政府(尽管在大城市的企业伙伴关系也许有一天会有足够的资源来抗衡中央政府)。总而言之,保守党的这些改革使权力进一步向中央政府集中。

然而，在2014年年末，为了准备2015年的大选，中央政府出台了一系列政策为北方地区提供更多的基础设施投资，然而却没有提出任何具体措施。随着2014年9月苏格兰独立公投的结束，中央政府计划给予苏格兰政府更多的权力，此举引起了英国向更多城市分权的讨论。政府批准设立了新的大曼彻斯特区市长一职（模仿伦敦市长，但是不包含选举机构），并鼓励设立相似的次地区级别的市长和议会，这些提议能否真正达到政治分权的目的要到5月大选结束后才能明确。然而，这些尤其是来自联合政府提议的规模缩减，意味着政府机构会获得更大的权力，但缺少运用权力所需的资源，这就是美国里根政府所称的"转移性联邦主义"。

六、结论

本文运用三种理论框架来探讨英格兰规划政策领域制度变化的总体方向，是更趋于集权或更加分权。首先，被广泛运用的新公共管理政策框架意味着行政分权而政治集权，其将行政分权定义为把任务重新下放给公共部门内部或者外部的"较低层级"机构。与此同时，政治决策者制定总体目标，选派经理和签约的代理机构来提高公共服务的效率，优化服务效能。因此，新公共管理理论表明旧有的政治与行政的区别可以被重新定义，分成完全不同的"政治"及"行政"领域。可以确定的是，工党提出的策略空间规划与新公共管理这一理论相似，将国家目标直接下达给各地区层级，使其在地方决策中得以实现。然而，新公共管理模式一直在两种不可避免的矛盾中挣扎，即经济发展和商业利益要求政府以更高效的速度制定规划政策，但规划起草过程中的公众参与也很有必要。工党大臣暗自放弃了新公共管理模式，因为其倾向于加强"组织孤岛"，他们转而采用了网络治理的理念（例如"建立伙伴关系"）将规划广义化，使其成为不同政策领域的联合并建立一种伙伴关系。事实上，这种实践最终被证明是难以把握的，家庭社区发展机构并未实现住房建设和增加就业的协调发展，其他政策领域的联合发展也以失败告终（e. g. Davies，2009）。战略空间规划在理念上和组织上都体现了工党的雄心壮志，然而新规划的起草时间远比预计所需时间长，许多计划从未完成过。新规划制度继续饱受效率和效能方面的指责，巴克和一些大臣将住房建造的持续下滑归咎于规划制定的拖延，这样的延迟也导致大型商业开发受阻且地区差异恶化。

其次，对于提倡网络治理的理论学者来说，联合政府的成功上台执政为他们提供了发展逻辑正从新公共管理发展到网络治理的教科书式的例证。上台后的联合政府废除了工党的空间规划制度和相关的地区层级机构，用更加非正式化、非制度化的地方企业伙伴关系来代替。在地方主义理论的引领下,一些规划决策被下放给地方政府下属的"次地方"层面的社区(尽管一些重要的关乎商业和基础设施方面的规划决策仍由中央政府决定)。然而,现实中的规划政策跟网络治理理论里所描述的相差甚远,事实上是重新强调了中央集权。联合政府的大臣,作为嵌入在政党政治环境中的政治官僚经理,为了市郊选民的利益,削弱了规划制度,并解决了(至少缩小了)他们与房地产开发商和房屋建造方之间的矛盾。相似的是,在另一个贝奇称之为"通过治理治国"的例证中,用地方企业伙伴关系代替地区发展机构的做法实则加强了中央政府的管控,因为原先相对来说享有资源的地区部门被规模更小、资源更匮乏的机构所代替,从而更缺少实力来对抗中央政府的主导地位。

因此,最后一点,后民主化理论为分析当代公共管理领域中的关键问题,以及集权或者分权的趋势提供了最有效的分析框架。新公共管理和网络治理都低估了政治方面的动因,用专家治国论和行政术语来界定争议(新公共管理),并回避了权力和冲突中的关键性问题,而且都以一种多元化的共识为自身的假设(新公共管理和网络治理都有这样的弊端)。本文指出学者应该从权力和利益冲突的角度来分析英格兰近年来规划政策的变革。作为政治—行政管理者,大臣试图寻求选民和企业之间利益的平衡,他们负责对专业化行政的国家进行设计和微观管理。然而,后民主化也有其自身的局限。在来自后民主化潮流的压力下,政党间的巨大差异仍然存在。工党保持了中央集权的,甚至是可再分配的政策要素——如地区机构、有既定目标的新空间规划体系,以及家庭社区发展机构等来向城郊政府施加压力。这些政策大多被冠以"合作伙伴关系"的名头,并且他们认为规划中的问题并非像后来证实的那样难以对付。同时,保守党(尽管是联合政府)大力推进以市场为导向的政策,废除了工党的集权政策,运用激励措施并减少管制来实现他们的规划政策目标。

资助

此研究未获得任何来自公共、商业或非营利部门的资助机构的资助。

作者简介

马丁·拉芬(Martin Laffin),英国伦敦玛丽女王大学工商管理学院院长,公共管理学教授。他的研究领域包括中央—地方关系、政治官员—行政官员关系、专业主义、政府间关系以及地区政府。近期发表的文章有:2014 年发表在《环境与规划》第 4 期的《后民主化时代的公共服务》(与 Mawson 和 Ormston 合作),以及 2013 年发表在《公共行政》的《新治理逻辑还是传统中央—地方关系的政治逻辑?》。

参考文献

Allmendinger P (2011) *New Labour and Planning: From New Right to New Left*. London: Routledge.

Allmendinger P and Haughton G (2009) Critical reflections on spatial planning. *Environment and Planning A* 41(11): 2544–2549.

Bache I (2003) Governing through governance: Education policy control under New Labour. *Political Studies* 51(2): 300–314.

Baker M and Wong C (2013) The delusion of strategic spatial planning: What's left after the Labour government's English regional experiment? *Planning Practice and Research* 28(1): 83–103.

Baker M (1998) Planning for the English regions: A review of the secretary of state's Regional Planning Guidance. *Planning Practice and Research* 13(2): 322–324.

Barker K (2004) *Delivering Stability: Securing Our Future Housing Needs*. London: HM Treasury.

BIS (Business, Innovation and Skills) (2010) *Local Growth: Realising Every Place's Potential*. Cmd 7961. London: TSO.

Chhotray V and Stoker G (2009) *Governance Theory and Practice: A Cross-Disciplinary Approach*. Basingstoke: Palgrave.

Clifford B (2013) Reform on the frontline: Reflections on implementing spatial planning in England, 2004–2008. *Planning Practice and Research* 28(4): 361–383.

Couch C, Sykes O and Borstinghaus W (2011) Thirty years of urban regeneration in Britain, Germany and France: The importance of context and path dependency. *Progress in Planning* 75: 1–52.

Crouch C (2004) *Post-Democracy*. Cambridge: Polity.

Davies J (2009) The limits of joined-up government: Towards a political analysis. *Public Administration* 87(1): 80–96.

DCLG (Department for Communities and Local Government) (2011) *National Planning Policy Framework: Myth-buster*. London: DCLG.

DCLG (2012) *National Planning Policy Framework*. London: TSO.

DCLG (2014) *House Building: September Quarter 2014, England*. London: DCLG.

DCLG Select Committee (2014) Evidence. Available at: http://www.parliament.uk/business/committees/committees-a-z/commons-select/communities-and-local-government-committee/inquiries/parliament-2010/national-planning-policy-framework/?type=Written#pnlPublicationFilter.

Dunleavy P and Hood C (1994) From old public administration to New Public Management. *Public Money and Management* 14(3): 9–16.

Flinders M (2008) *Delegated Governance and the British State*. Oxford: Oxford University Press.

Friend J, Power J and Yewlett C (1974) *Public Planning: The Intercorporate Dimension*. London: Tavistock

Hall P and Tewdwr-Jones M (2011) *Urban and Regional* Planning (5th edn). Abingdon: Routledge.

Haughton G and Allmendinger P (2013) Spatial planning and the new localism. *Planning, Practice and Research* 28(1): 1–5.

Heseltine M (2013) *No Stone Unturned: In Pursuit of Growth*. London: BIS.

IPPR (Institute for Public Policy Research) North (2014) *Transformational Infrastructure for the North*. Newcastle: IPPR North.

Laffin M (1986) *Professionalism and Policy: The Role of the Professions in the Central-Local Government Relationship*. Aldershot: Gower.

Laffin M (2013) A new politics of governance or an old politics of central–local relations? Labour's reform of social housing tenancies in England. *Public Administration* 91(1): 195–210.

Laffin M (forthcoming) *Policy Networks versus Political Parties: Labour's Reform of*

Affordable and Social Housing Delivery (available from the author).

Laffin M and Entwistle T (2000) New problems, old professions? The national world of the local government professions. *Policy and Politics* 28(2): 207–220.

Laffin M, Mawson J and Ormston C (2013) Public services in a post-democratic age. *Environment and Policy C* advance online publication, doi: 10.1068/c1261.

McCarthy A, Pike A and Tomaney J (2012) The governance of economic development in England. *Town and Country Planning* 81(3): 126–130.

MacMillan J and Massey A (2001) A regional future for the UK civil service? *Public Money and Management* 21(2): 25–31.

Mair P (2013) *Ruling the Void: The Hollowing of Western Democracy*. London: Verso.

Malpass P (1993) Housing policy and the housing system since 1979. In: Malpass and Means R (eds) *Implementing Housing Policy*. Buckingham: Open University.

Mawson J and Spencer K (1997) The government offices for the English regions: Towards regional governance? *Policy and Politics* 25(1): 71–84.

Moran M (2003) *The Regulatory State: High Modernism and Hyper-Innovation*. Oxford: Oxford University Press.

Morphet J and Pemberton S (2013) 'Regions out–sub-regions in' – Can sub-regional planning break the mould? The view from England. *Planning Practice and Research* 28(4): 384–399.

Mullard M and Swaray R (2006) The politics of public expenditure from Thatcher to Blair. *Policy and Politics* 34(3): 495–515.

Mullins D and Pawson H (2009) The evolution of stock transfer: Privatisation or towards re-nationalisation? In: Malpass P and Mullins D (eds) *Housing, Markets and Policy*. London: Routledge.

Nadin V (2007) The emergence of the spatial planning approach in England. *Planning Practice and Research* 22(1): 43–62.

Norman J (2010) *The Big Society: The Anatomy of the New Politics*. Buckingham: University of Buckingham Press.

ODPM (Office of the Deputy Prime Minister) (2003) *Sustainable Communities: Building for the Future*. London: ODPM.

ODPM (2005) *Planning Policy Statement 1: Delivering sustainable development*. London: ODPM.

Pearce G, Mawson J and Ayres S (2008) Regional governance in England: A changing role for the Government's Regional Offices? *Public Administration* 86(2): 443–463.

Pike A and Tomaney J (2009) The state and uneven development: The governance of economic development in England in the post-devolution UK. *Cambridge Journal of Regions, Economy and Society* 2: 13–34.

Pugalis L and Townsend A (2012) Rebalancing England: Sub-national development (once again) at the crossroads. *Urban Research and Practice* 5(1): 157–174.

Pugalis L and Townsend A (2013) Rescaling of planning and its interface with economic development. *Planning Practice and Research* 28(1): 104–121.

Rhodes R (1996) The new governance: Governing without government. *Political Studies* 44(4): 652–667.

Rhodes R (2007) Understanding governance ten years on. *Organizational Studies* 28(8): 243–1264.

Schapps (2007) Speech. HC Deb, 27 November 2007, c. 145.

Sorensen E and Torfing J (2006) Introduction: Governance network research. In: Sorensen E and Torfing J (eds) *Theories of Democratic Network Governance*. Basingstoke: Palgrave.

Sorensen E and Torfing J (2009) Making governance networks effective and democratic through metagovernance. *Public Administration* 87(2): 234–258.

Taylor-Gooby P and Stoker G (2011) The Coalition programme: A new vision for Britain or politics as usual? *The Political Quarterly* 82(1): 4–15.

Thomas H (1998) Planning. In: Laffin M (ed.) *Beyond Bureaucracy? New Approaches in*

Public Sector Management. Aldershot: Avebury, pp. 76–90.

Watson M (2009) The incorporation of the ongoing British housing market bubble into a system of asset-based welfare. In: Schwartz H and Seabrooke L (eds) *The Politics of Housing Booms and Busts*. Basingstoke: Palgrave Macmillan, pp. 52–75.

Work Foundation (2012) *People or Place?* Lancaster: Work Foundation.

Planning in England: New Public Management, Network Governance or Post-Democracy?

Martin Laffin

Queen Mary University of London, UK

Abstract

Three frameworks – New Public Management, Network Governance and Post-Democracy – are applied to identify and explain the direction of institutional travel in the field of land-use planning in England. These frameworks are used to assess the extent to which land-use planning has been centralized or decentralized over the last 20 years. The last Labour government (1997–2010) is contrasted with the Conservative-led Coalition government (2010–2015). Labour introduced planning policies and an underpinning regional administrative machinery that the latter has replaced with a 'localist' planning system and sub-regional Local Enterprise Partnerships. The article concludes that both Labour and the Conservative-led Coalition embarked on policies that involved increased centralization, but that the centralization took different forms, though both parties denied sub-state institutions the political or other resources to challenge the central government in Westminster.

Points for practitioners

The dominant analytical perspectives on public administration are New Public Management and Network Governance. This article introduces a third perspective – Post-Democracy – not yet applied in public administration. Post-Democracy is developed here to depict government ministers as 'political-bureaucratic managers' oriented towards maintaining national economic competitiveness and mobilizing electoral support in new ways as the traditional, mass political party is declining. Consequently, ministers increasingly defer to business interests and default to a populist politics that often challenges established bureaucratic and professional interests within government. This article examines the implications of this political shift in the case of land-use planning in England.

Keywords

Administrative organization and structures, intergovernmental relations, modernization, planning, public sector reform, regional and local government

国际行政科学评论

探索企业信息搜索过程:分析企业与政府服务互动中的信源和信道选择

伊冯·范·德恩·布尔[①] 威廉·彼特森
Yvon van den Boer Willem Pieterson
贾恩·范·狄杰克 雷克斯·阿伦德森
Jan van Dijk Rex Arendsen
翻译:丁晶晶 审校:张锐昕 孙春晖

【摘要】 随着电子信道的崛起,企业在信息搜索过程中向不同类型信源进行咨询变得更加容易了。这使得政府不得不重新定位其作为可靠信源的角色以及其作为提供高效服务支持的(电子)服务信道的角色。本文阐释政府面对庞杂的信源和信道时该如何应对,并重点探讨信源与信道选择过程中的相似点、不同点和相关性。我们面向荷兰全国范围内的企业开展了单独访谈和小组访谈,结论表明某些因素同时影响着信源和信道选择(例如任务特征),其他因素则仅对信道选择产生影响(例如情境因素和信道特征)。由于这些与信源相关的概念左右着信道的选择,因此信源和关系特征揭示了二者间的相互依赖性。这需要进一步的研究来加深我们对其的理解,并形成信息搜索过程中信源和信道选择的综合理论。

---

① 通信作者:
Yvon van den Boer, PO Box 217, 7500 AE Enschede, Enschede, Overijssel 7500 AE, The Netherlands.
E-mail: yvonvandenboer@gmail.com

对实践工作者的启示

政府所使用的信道在其自身掌控之下（即信息质量得以相对保证），然而其他的信源和它们的信道却在政府掌控之外。政府对这些信源的管理，可以通过与关键信源建立战略伙伴关系来实现。第一种设想是政府向其他信源提供内容，这些信源就可以使用它们为客户提供建议。第二种设想是信源和其信道之间的交互参照，例如，政府网站要为特殊信息咨询者提供顾问建议，因为以往的单向信源—信道组合仅能提供通用信息。

【关键词】 信道选择；政府；信息搜索；服务交付；信源选择

一、引言

由于新的电子信道（dectronic channels）的发展，关于接近性（例如与他人的时间和空间距离）的认知已经发生了改变，科苓尼（Korzenny，1978）在20世纪70年代后期已经注意到这一点。与以前相比，与他人分享信息变得更加容易和便宜（Mulgan，2004），人们可以搜寻出更多样性的合适的信源（sources）以应对不同情境（Boase et al.，2006）。有关公共服务交付过程的研究已经意识到信源的角色变化（e. g. Arendsen et al.，2011；Janssen and Klievink，2009；Van den Boer et al.，2012）。在这一新动态的推动之下，研究人员发现，公民与政府之间的接触人次得以增多（Pieterson and Ebbers，2008），企业可以通过咨询多个信源获取政府信息（De Vos，2008）。一些研究人员指出信源和信道使用的多样性有所增加（e. g. Jansen and Klievink，2009；Young and Pieterson，forthcoming）。

作为信息搜寻者，公民和企业在寻找政府信息来解决公共任务时，掌握着主动权和信息搜寻过程。例如，“企业法律形式的变化会带来哪些财政影响？”“我如何才能延迟交付我的所得税申报表？”在处理这样的任务时，政府并不是唯一可能被咨询的信息来源，其他人或组织也可以作为信源接受咨询。信息搜寻过程可能就实际发生在搜寻者和信源之间的互动活动中（比如交谈），但是在这个过程中搜寻者可能还需要自己去获取必要信息（即咨询）（Ebbers et al.，2008）。

数十年来，政府一直在寻求合适的服务交付策略，为公民和企业提供支持，帮助其搜寻信息以完成任务。例如，有关电子政务和多信道管理的研究对当前策略多做贡献。这些策略的主要目的是将信息搜寻者引向电子信道，例如网站。这一目的的实现将使服务传递的快捷性增强、管理负担减轻、生产力提高(e. g. European Commission,2004;Gagnon et al.,2010)。然而,目前电话和面对面沟通这样的高成本信道仍然被大量使用(e. g. OECD,2012;Pieterson and Ebbers,2008)。此外,随着信道的增多,服务交付也变得越来越复杂(Gagnon et al.,2010)。政府在维持成本效益的同时保证高水准服务的提供将会更难。另外,公民和企业找到其所需要的信息也会更难。这使得在信息搜索过程中实现供求双方的平衡变得日益复杂。

同时,莎伦和韦弗(Shannon and Weaver,1949)的发送—接收模型告诉我们,可供选择的信道和信源越多,产生干扰(即得到歪曲、错误或非关联性的信息素材)的可能性就越大。由于网络交互的本质具有无法预知性,信息搜寻处于这样一个由各种不同信源构成的网络环境中,就会产生难以捉摸或失真的现象(Boyd,2004)。因此,对政府而言,要维持高水平的服务会更难,特别是当信息搜寻者不再依赖政府,而是转向其他信源时,因为他们现在比以往更容易接入这些信源(例如,通过新媒体和社交媒体)。此外,随着其他服务信道的便捷性的提升,变相地限制了政府支持信息搜寻者的效能。这些因素使得各国政府不得不思考该如何应对无数的信源和信道的实用性问题。

尽管不同的学科——例如信息行为研究、通信和组织科学——已经研究过信息搜索过程和信源选择(e. g. Leckie,Pettigrew and Sylvain,1996;Byström and Järvelin,1995;O'Reilly,1982),以及影响信道选择的潜在因素(Daft and Lengel,1984,1986;Fulk,Schmitz and Steinfield,1990)。然而,对信源和信道选择过程进行一体化研究的却很少。一些研究者曾对这两个概念有所提及[例如,莎伦和韦弗(1949)的沟通模型],也有其他研究者已经注意到信源—信道交互作用的存在(e. g. Saunders and Jones,1990),或对信源和信道间的关系进行研究(e. g. Christensen and Bailey,1997)。不过,还没有产生被认可的理论或实证回应。因此,还不清楚信源和信道选择过程之间存在着何种差异和相似之处,以及二者是如何相互联系的。因此,本文要解决以下两个研究问题:

研究问题a:信源和信道选择在多大程度上被同样的潜在因素影响?

研究问题b:信源和信道选择之间存在着怎样的相关性?

本文重点探讨企业是如何搜寻公共信息的——企业与政府(B2G)服务间的互动——因为它面对的环境比公民面对的更加复杂且网络化程度更高。首先,企业的组成形式各不相同,从个体经营的独资企业到有众多雇员的大型企业(Jansen et al.,2010),要确定谁是企业的信息搜寻者是相当困难的,这使得政府无法具备提供直接服务策略的能力。其次,因为更多规则的出现,企业与政府间的接触增多了,而且这种接触很可能是间接化的(即其他方会被卷入到交互活动中),形成了新的网络特征(Jansen et al.,2010)。相应地,人们会期望服务交付研究会对一般企业给予大量关注,特别是服务信道的使用和选择。然而,大部分关于信道选择的研究聚焦于公民个体(e. g. Pieterson and Ebbers,2008;Reddick,2005;Thomas and Streib,2003),对企业选择行为的实质性观点是缺乏的。

公共服务交付策略主要关注小型企业(如个体经营者和最多有 50 个员工的企业)。这些类型的企业依赖于一般的服务交付(即它们在政府没有一个固定的联络人)。对小企业而言,强制性公共事务的处理,通常是核心业务之外的次一级工作(Bergers,2003)。与政府机构进行大量联系以及寻找公共信息更多的可能只是由一个小团队或一个人负责。因此,尽管我们关注的是企业与政府的服务互动,这可能隐含着企业寻找信息是一种集体性选择行为,但本文的出发点是将其视为个人选择行为。

本文首先介绍理论背景,接着对研究方法进行描述,阐述研究结果,并将结果与现存的文献发现进行比较,讨论其局限性,得出结论。最后以一些启示结尾。

二、理论背景

这部分首先对信源和信道的概念进行定义,随后对信源和信道选择理论进行讨论,提出了关于关联性决定因子的观点。

(一)信源和信道的界定

在研究信源和信道选择多大程度上被同样的潜在因素所决定之前,必须对信源和信道的概念进行明确的区分。虽然在现有的文献中,信道和信源并没有被清楚地加以界定,有时二者似乎还混同使用,我们采用的观点是"信源能够通过不同的信道获取"(Byström and Järvelin,1995)。本文中,信道被定义为:"信息通过信源发出的方式或者接收者获取信息的方式。"(引自 Pieterson,2009:13)本文关于信源的界定采用了克里斯坦森和柏雷(Christensen and Bailey,1997)的定义,该定义基于桑德斯和琼斯(Saunders and Jones,1990)的观点,增加了信源是人类的基本属性(即个人、群体或组织)这一内容。因此,信源被定义为拥有信息并能被搜寻者获取的人或组织。

因为本文采用用户视角,所以对信源和信道的概念需做更进一步的解释。企业被视为被提供公共服务的用户方。当它们开始搜寻信息,比如复杂的税金事宜(例如,我应该改变企业的法定形式吗?),它们有各种各样的潜在信源可以获取信息。这些从不同类型的信源获取的信息,可能会有助于系统阐述手头的任务和解决问题。在多数情况下,信息直接从信源流向信息搜寻者,但在某些情境中,信息需经多个步骤从信源流向信息搜寻者[如同沟通的两步骤流动理论中的例子(Katz and Lazarsfeld,1955)和通信网络(Rogers and Kincaid,1981)]。而从政府视角来看,信源(除政府自身之外的)可能被视为中介机构。政府(作为始发的信源)可以与中介机构合作,为信息搜寻者提供信息。然而,本文关注并采用信息搜寻者视角,不强调始发信源的角色,而是研究被信息搜寻者咨询的实体。信源的例子包括政府、金融专家组织或行业组织,以及具有相关主题经验的个人信源(例如同事、家人和朋友)。此外,在这个背景下,信道被视为信息搜寻者从特定信源获取信息的纯粹的手段。信道的例子包括网站、电子邮件、电话和面对面交流。

(二)信源和信道选择的相关理论

信道选择理论主要建构于达夫特与伦格尔(Daft and Lengel,1986)的媒介丰富度理论(Media Richness Theory,MRT)之上。任务特征通常被认为是一个重要影响因素(e. g. Fulk et al. ,1990;Sitkin,Sutcliff and Barrios-Choplin,1992;Pieterson,2009)。卡尔森和促穆德(Carlson and Zmud,1999)在他们的信道扩展理论中认为,信道经验也会对未来选择产生影响。在富尔克等人(Fulk et al. ,1990)的社会影响模型(Social Influence Model,SIM)中,经验的角色也被验证,不过,社会影响模型的核心是面临选择的个体所处的直接环境会对其最终选择产生影响(即社会影响)。希特金等人(Sitkin et al. ,1992)的双能力模型(Dual Capacity Model,DCM)也关注环境的作用。此外,双能力模型假定发送者、接收者以及组织的特征也都受环境影响。最近,皮尔特森(Pieterson,2009)阐明了情境和情感约束的影响。他指出选择过程更多地由习惯支配,而非理性支配。然而,事实上除了媒介丰富度理论,上述讨论的模型实际上都未真正区分信道、信源和媒介的概念。它们都仅仅关注信道或媒介以及它的影响因素,而忽略了信息信源在沟通过程中的角色。

植根于信息行为文献中的理论视角更多地关注信源角色。各种模型(e. g. Byström and Järvelin,1995;Leckie et al. ,1996)将信源选择视为信息搜寻过程中行为阶段的第一步(即真实信息检索与交互)。此外,他们中的一些人提供了对于信源和信道选择相互作用的深刻理解(Saunders and Jones,1990;Christensen and Bailey,1997)。克里斯坦森和柏雷(Christensen and Bailey,1997)发现信源可及性和任务的例行性制约着信道选择。与媒介选择范围类似,任务特征影响的证据已经在许多关于信息搜寻的研究中被发现(Byström and Järvelin,1995,Leckie et al. 1996;Ingwersen and Järvelin，2005）。情境因素的影响被彼斯特罗姆和雅沃琳（Byström and Järvelin，1995）验证。情境的影响（例如组织规模、已建构的沟通模式）在很多关于信息搜寻的理论中以多种形式被确认（e. g. Byström and Järvelin，1995；Leckie，et al.，1996；Saunders and Jones，1990；Baldwin and Rice，1997）。

两个研究范畴的比较告诉我们，信源和信道选择在某种程度上被相同的潜在因素所影响。一个潜在的差异在于，在信源选择中，情境影响得到更加显著的确认。

三、方法

（一）方法论和数据收集

本研究使用了几种定性研究方法。首先，我们开展了焦点小组访谈。由于参与者之间的交互作用，焦点小组访谈非常适合于针对一个主题产生多个观点和视角（Morgan，1988；Krueger and Casey，2009）。另一个优势在于能够从中得出潜在的、关于复杂主题的意见、行为和动机（Krueger Casey，2009）。然而，也由于群体的交互作用，小组访谈可能对个体行为动机的洞察缺乏深度（Morgan，1988）。因此，我们在焦点小组访谈后又进行了单独访谈。单独访谈倾向于揭示行为的深度和意义，这些在焦点小组访谈中往往被隐藏起来。焦点小组访谈和单独访谈会关注同样的主题，例如：①普遍使用的信道和信源，包括参与者的经验；②从问题到答案的信息搜寻过程；③在某种情境下，为了回答特定的问题，选择特定信道向信源进行咨询的原因（例如，环境的影响，信道的认知，信源和任务特征）。在焦点小组访谈和单独访谈中，我们都使用了半结构化方法，这使得参与者可以任意讨论不同的主题和他们最近面临的问题。例如以下被提及的问题：①你最后一次使用什么信源去寻找关于税收方面的信息？为何你使用这些特定信源？②你使用什么信道来与每一个信源进行接触？为何使用这些特定的信道—信源组合？③你对这些信源—信道组合的早期经验是什么，这是否会影响到你当前和未来的信息搜寻过程？

（二）样本和人口统计数据

我们把在中小型企业工作的负责财务问题或与之相关的雇员作为样本。本研究在荷兰税务和海关管理局展开。所有的调查对象是由一个研究机构基于荷兰商会的基础数据随机挑选出来的。为了控制地理偏差，我们选择在荷兰的不同地区开展单独访谈和焦点小组访谈。单独访谈在调查对象的办公室进行，焦点小组访谈则在会议中心和研究机构进行。

焦点小组访谈的调查样本分为两组:自营个体户;所属企业至多拥有49位雇员的公司雇员。通过文献阅读,每一类别进行三到四组的访谈被认为是相对合理的(Krueger and Casey,2009)。因此,我们总共进行了六组焦点小组访谈:三组针对自我雇佣者,三组针对供职于不超过49人公司中的雇员。出于非商业性目的,一个焦点小组的理想的规模被限定为5到8人(Krueger and Casey,2009)或6人到10人(Morgon,1988)。六个焦点小组访谈共随机挑选58人。最终有40人参与访谈,平均每个小组访谈中有6.67人参与。

单独访谈共有15人参与。样本组成与小组访谈类似。然而,样本挑选了更多的在有雇员公司工作的参与者,因为我们对这个子群更加感兴趣。原因在于我们期望有更多样的参与者特征(例如,他们在组织中的职位和他们的组织),这更能影响搜索过程。最终,单独访谈中1/3的参与者为自我雇佣者,其他参与者为在有雇员公司工作的人,50%的企业最多拥有10个雇员。单独访谈中所有的参与者都或多或少在某些方面聘请了财务专家组织来帮助他们管理税收事务,没有一个企业完全由自己来管理税收事务。相比较而言,焦点小组访谈中1/5的参与者完全由自己来管理自身的税收事务。剩下的参与者都至少在某些方面聘请了财务专家组织。最后,在焦点小组访谈和单独访谈中,3/4的参与者为男性。

(三)数据分析

所有的小组访谈都留有录像和录音。单独访谈只留有录音。我们尽可能在访谈结束后就转录数据,以确保收集信息的翔实和需要解释的问题能快速解决(Taylor and Bogdan,1984)。我们使用了归纳分析技术(Patton,2002)。这意味着本研究的发现是由数据本身推导的,而不是从预期和既存的理论模型中推导出来的(Thomas,2006)。虽然对于一个研究者来说,要完全忽视既存的理论观点是困难的,但我们认为这是最佳的方法,因为它具有高度的灵活性和理论自由(Braun and Clarke,2006)。

我们系统分析了收集到的数据。第一,我们对相关要素进行编码。为了确认这些要素,我们从参与者谈论他们行为选择的句子中搜索句子和短语。例如"你无法从互联网找到信息,因为它只在这个情境下加以聚焦。这就是要经常电话咨询某些人的原因"。第二,我们对编码过的短语和句子进行分类,得到13个类别。为此,我们对词语或短语做出挑选以进行分组。然后,将同义词进行集群。例如,"我在附近住"和"那时它离我太远",这两个陈述都是关于信源距离的。下文的表1提供了最终编码方案综述。第三,我们对分析员用三角测量法识别出来的类别进行精练和删减(Patton,2002)。其他三位科学家每人对一个小组访谈和三个单独访谈进行编码。差不多50%的收集到的数据被双重编码。编码员和研究员之间的平均评分者一致性信度为 $k=0.769$(Landis and Koch,1977),这是相当高的。最后,我们组织编码员和研究员进行讨论,以缩短和精简类别清单。

表1　　最终编码表中的主要因素

因素	描述	事件样本
感知的信源特征	话题决定了专家知识、介入程度、信源可获取性、关于信源的经验是知识的主题	例如你为什么寻找会计……他站在企业的角度考虑问题,他与我的想法一致。(I-12)* 通常情况下不可能通过电话找到人。拨打荷兰税务和海关管理局电话中心的电话,不容易找到专家。也没有直拨电话号码或邮箱地址……(FG5-P6)
感知的信道特征	话题决定了反馈的速度,某一具体信道互动的可能性,是否可在该信道注册信息,某一具体信道是否适合交换具体信息	不要咨询会计,和他电话联系,这是最直接、最快的方式……(FG4-P4) 会计总是很专业的,所以我总是第一时间给他打电话,这是快速获得答案的最容易的方式。(I-10)
任务特征	话题决定了任务的复杂度、重要性和特殊性是如何与组织相关的,又是如何影响选择的	因为太复杂,肯定要求助会计……(FG4-P6) 对于实验性的问题,我通常都直接给荷兰税务和海关管理局打电话。(FG5-P2) ……对于比较专业的问题,我宁愿求助于专家,他了解我企业的性质,熟悉我的企业,能提供合适的答案。(I-15)
早期经验	话题决定了早期经验(积极或消极的)是如何导致对相同或其他信道或信源的选择的	我的经验告诉我最好不要(给荷兰税务和海关管理局)打电话,那会花费你大量的时间,而写封信你就可以获得答案。(GF5-P7)
关系特征	话题决定了与某个信源关系的实质[(非)正式、接近程度、联系频率等]	我在开始这份工作前就认识那个会计很长时间了。关系很好。所以就给他打电话,有时还是晚上打电话……(I-3) 是的,我可以给他(专家,已退休会计)打电话,我也会去拜访他。这样很友好,晚上也可能拜访。他给我有用的建议,很认真地看我企业的数据,他不能把事情变好,但他确实在尽力帮我。(I-14)

续表

因素	描述	事件样本
情境特征	话题决定了时间(如晚上或白天)、可用于解决问题的时间、到信源的距离,这些是如何影响选择的	大多数时候我会顺路拜访。我住在附近,可以和他当面交流(FG2,P5)。要看情况,如果时间少,就打电话。(I-1) 大多数时候我在工作时间以外用网络联系。如果是对荷兰税务和海关管理局,我宁愿打电话。但如果是晚上,或是突然想起某件事,有富裕时间,我会通过网络获取信息……(FG2-P4)
社会影响	话题决定了如何通过其他人的建议或观察其他人的选择行为来做出某个选择	有时彼此遇见了,正好你对某个热点话题不熟悉,他会告诉你如何做,可以去查哪个网站……(I-5) 如果你从别人那里偷学他是怎么做的,关于如何使用网络寻找案例可以有多种方法……是的,我也会用这种方法……(I-12)

* 缩写I代表引用的是单独访谈,其后是具体访谈的编号(如I-15)。缩写FG代表引用的是焦点小组访谈,其后是讨论的编号和讨论中参与者的编号(P)(如FG1-P1)。

四、结果

这一部分我们对结果进行阐述。研究问题a(信源和信道选择在多大程度上被同样的潜在因素影响?)将会被回答。同时,反映信源—信道相关性的指标将会被讨论,这回答了研究问题b。参与者指出在他们寻找执行任务信息的信源和选择信道的过程中有各种各样的因素牵涉其中。表2展示的是,各参与者提及的各因素的次数在全部被提及的因素的次数中所占的百分比,并对信源和信道的相关陈述进行了区分。此外,焦点小组访谈的结果和单独访谈的结果被分开呈现,分别将总体比例核算为100%。

结果显示,任务特征的影响在信源选择和信道选择中经常出现。这表明信道和信源选择受任务特征影响。例如,对于一个复杂的任务,参与者会通过个人信道,如面对面或电话去咨询专家信源,例如顾问。而对于一个简单问题,则会选择另外的信源和信道,例如,通过网站咨询政府。

样本中单独提及信源或信道早期经验的陈述很少。更多是考虑使用特定信源—信道组合的经验。通用性经验的确存在,但是经验可能会由于某些特定信道(例如电话)而发生变化,当这个特定信道与某个特定信源(例如政府)组合在一起时,该信道的经验会不同于以往的通用经验。例如,一些人将电话与得到快速回答联系在一起,然而,当某次通过电话联系政府的等待时间变长,电话与该次特定信源相结合的经验将会发生变化。

本研究发现,有关关系特征的表述主要涉及信源选择而非信道选择。焦点小组访谈和单独访谈中大多数的考虑都与信源有关。然而,单独访谈中的一些陈述也表明了其与信道选择相关。例如,一个参与者描述了他与会计人员之间友善的、非官方的关系,这是因为他们彼此认识很长时间了。这是会计人员选择面对面交流的一个原因。与他相反,另一个参与者指出,她经常通过电子邮件与会计人员沟通,这是因为她与会计人员间的关系是官方的,她甚至几乎不认识他。仅仅当他们需要商量许多事情时,她才会与他电话联系。

相较于关系特征的影响,关于情境因素的影响似乎主要与信道选择而非信源联系在一起。尤其是单独访谈揭示了这个模式;焦点小组访谈之间的差别很小,但在同一个方向。信道和信源选择之间的差别似乎说明,这些情境因素确实影响了信道选择,但是对于信源选择而言,其他因素更加重要。

至于社会影响因素的作用,信源和信道选择的效果并没有实质性区别。这个因素的表述很难抽离出来,虽然一些单独访谈的参与者确实明确表示有其他因素影响着他们的信道选择。

信道特征只与信道选择相关。没有发现它与信源选择相关的清晰陈述。信源特征的影响主要显现于信源选择时,将其放大来看,这一模式具体与专门知识的感知水平相关(2/3 的论述是有关专门知识的)。这些与专门知识相关的因素都未影响信道选择。但另外,其他类型的信源特征(例如,可接近性、参与性)则确实不仅影响信源选择,也影响了信道选择。这些发现指出,信源这些与服务相关的技术影响着信道选择。例如,类似政府这样的信道,被视为很难通过电话联系上,这导致选择网站作为一个替代性信道。

表 2　　因素的频率分布

因素	焦点小组访谈 (N=215)		单独访谈 (N=214)	
	信源相关	信道相关	信源相关	信道相关
任务特征	9.3%	7.4%	10.3%	11.2%
早期经验	15.8%	14.0%	8.9%	7.8%
关系特征	4.6%	0.5%	3.7%	1.9%
情境特征	2.8%	4.2%	3.7%	12.7%
社会影响	1.9%	1.4%	1.9%	3.3%
感知的信源特征	18.1%	4.2%	16.4%	2.3%
感知的信道特征	0.0%	15.8%	0.0%	15.9%
总计	52.5%	47.5%	44.9%	55.1%

五、讨论和结论

本文的目的在于探索企业与政府的服务互动中的信源和信道选择的差异性、相似性和相关性。我们从使用者的视角进行定性研究,以审视企业在处理税收事务时是如何搜寻信息的。作为对研究问题a的回答,我们能够明确表明,信源和信道选择在某种程度上被相同的潜在因素影响。任务特性和早期经验显然与二者相关。早期经验的结果似乎指出信源和信道是组合选择。情境因素和感知到的信道特征清晰地影响了信道选择,但其对于信源选择的效果则未发现(虽然情境因素的区别很小)。关系特征似乎主要影响信源选择,几乎不影响信道选择。虽然感知到的信源特征明确地影响信源选择,信源的技术服务似乎也影响信道选择。考虑表明社会影响的陈述很少,不能确定其对信源和信道选择的影响。未来需要对这些因素的具体影响做进一步的研究。

感知到的信源特征和关系特征似乎触发了信源和信道选择过程中的相互依赖性,这回答了研究问题b。这些与信源相关的概念似乎影响了信道选择。需要进行定量研究以增进我们对这些相关性的理解。下面我们来讨论现存文献在我们研究结果中的反映。

本研究发现,任务特征在信源和信道选择过程中是重要的。这个结果一般不会与其他研究发现有区别(e. g. Savolainen and Kari, 2004; Byström, 2002; Anderson et al., 2001; Sitkin et al., 1992)。关于信道选择的早期经验的效果被许多媒介选择领域理论家描述过(e. g. Pieterson, 2009; Carlson and Zmud, 1999; Fulk et al., 1990)。然而,由于信源和信道概念的含混使用、定义的缺乏(e. g. Wilson, 1981; 1999; Krikelas, 1983; Johnson, 2003)或者使用不同于我们的定义(e. g. Byström and Järvelin, 1995),与信道选择相关的结果更难与现有的发现进行比较(e. g. Ellis, 1989; Savolainen, 1995; Baldwin and Rice, 1997)。由于我们的研究似乎是最先注意到这个结果的,还需要进行深入研究。关于情境因素的发现似乎不同于其他研究,结果似乎指出它们对信道选择有影响,而不是对信源选择有影响。其他聚焦于在信息搜寻情境中信道和信源选择的研究发现,情境因素对二者都有影响(Savolainen, 2006; Byström and Järvelin, 1995),对于其对信道选择影响的支持是充分的(e. g. Pieterson, 2009; Nicholson, Clarke and Blakemore, 2002)。有关信道特性与信道选择相关的发现与许多媒介选择领域的其他研究意见是一致的(e. g. Carlson and Zmud, 1999; Fulk et al., 1990)。这个研究揭示了信源特征会影响信源和信道选择,其他许多研究也为信源特征对信源选择的影响提供了证据(e. g. Woudstra and Van den Hooff,2008;o'Reilly,1982;Gerstberger and Allen,1968)。相反地,关于感知的信源特征对信道选择的影响效果却少有研究。迄今为止,似乎只有克里斯坦森和柏雷(Christensen and Bailey,1997)研究过信源特征的可及性在信道选择过程中的影响。因此,现在的研究首先要审视各种信源特性对于信道选择的影响。有必要进一步开展研究,以获取对这一关系的更多发现,这也反映了信源和信道选择过程中二者间的相关性。最后,我们的结果指出关系特征不仅对信源选择有影响,似乎对信道选择也有影响。关系特征影响信源选择的发现类似于克劳斯和斯普劳尔(Cross and Sproull,2004)的研究,他们认为搜寻者和信源的关系模式促进或束缚了信息搜寻过程。哈森维特和威尔曼(Haythornthwaite and Wellman,1998)以及哈森维特(Haythornthwaite,2002)的研究支持如下观点,关系特征可作为信源—信道相关性的一个指标,正如他们认为,信道选择取决于关系的各个方面(例如,信息交流的主题,彼此的日程安排,关系的发展阶段)。斯特金等人(Sitkin et al.,1992)也提及相关发现,依据搜寻者和信源间的历史,信道选择会受到关系特征的影响。

除了从参与者陈述中得到的发现之外,我们还从数据中观察到一些模式,信息在企业中地位的差异也会对信息搜寻过程、信源和信道选择产生影响。有些参与者明确指出搜索模式可能存在差异性,这也许是由于他们的职位不同而引起的,这个论据是基于研究人员在数据分析期间的观察。我们研究中的参与者在组织中具有不同的职位[例如,总经理(有或无雇员的)、行政雇员、财务专家]。职位的类型似乎导致了信源和信道选择的不同,也导致了信息搜索过程中信源和信道选择数量上的差异。例如,主管会立刻电话联系顾问,而财务专家或行政雇员会先访问网站并且仔细研究主题。专家甚至可能没有咨询顾问就做出决定。因此,观察信息在企业中的所处地位是如何影响信源和信道选择的,似乎是未来定量研究的方向。

当然,这个定性研究具有某些局限性。第一个局限性在于它的定性特征,即调查结果很难得以推广。本研究具有探索性尝试,最后仅能得出陈述性结果。第二个局限性在于,关于组织规模,我们过度关注了有雇员的企业。实际上这是预先设计的,因为我们对这些大型企业的情境特别感兴趣。因此,本研究目的在于研究信源和信道选择的相似性、区别和相关性,而不去探讨总体容量。第三个局限性源于一个事实,即本研究在荷兰开展,因而很难将结果推广到其他国家。然而,根据世界各国的差异性,经合组织(OECD,2012)的研究表明,在这个背景下,信道和信源选择的过程貌似可以与其他西方国家进行比较。另外,本研究聚焦于企业与政府的服务互动,这意味着我们聚焦于信息搜寻者主动发起沟通的相互交流。这种方法反映了沟通的线性模型,限制了研究结果的可推广性。然而,现实中信息搜寻者和信源会随着共享的信息而持续转换角色(Boyd,2004)。这个过程的特征是迭代和交互的。然而,由于对企业与政府服务互动中的信源和信道行为知之甚少,我们的出发点将现实进行了简化。但这些角色的其他概念体系对于未来研究的开展是十分重要的。尽管有这些局限性,我们相信目前的研究仍做出了有用的贡献。有必要进行定量研究,以确定被识别的指标和因素是否以及多大程度上会产生影响。

六、启示

本文是一次对企业信源和信道选择的定性研究。这是首个有关企业与政府互动服务中企业信息搜索行为的研究。研究结果表明,信息搜索行为不是一个简单的、企业直接通过互联网从政府那里获取信息的过程,而是一个复杂的网络互动过程。现在政府的服务交付策略仅聚焦于对自己支配的多种信道的管理。本研究的调查结果认为这个视角太狭窄,其他信源也在企业与政府互动服务中发挥着重要作用。但是由此能够得出哪些启示?

信源的角色以两种形式呈现。第一种,是政府自身作为潜在信源网络中的一个信源。政府使用的信道(例如网站)处于政府自身控制之中。这使得政府可以确保提供信息的质量,并为信息搜寻者指明合适的信道(即多信道管理)。第二种,是被咨询的、在政府控制之外的信源,而非政府自身。这些信源通过它们自己的信道提供信息,与政府的信道类似。两种情境中,虽然信道相同,但信源不同,这可能会导致干扰,并降低信息质量。对于信源的管理可以通过与其他(正式)的、可能被信息搜寻者咨询的信源(例如,顾问、行业组织、工会)建立战略伙伴关系来加以实现。两方面启示如下:①政府为其他潜在信源提供内容,信息搜寻者可以咨询这些信源;②信源和它们的信道之间交互参照使用(多信道和多信源管理),如下面例子所示。为了实现这个目的,重要的是要正确了解什么信息通过哪个信源和信道来获取。这产生了一个以信道和信源为轴向、以服务类型为单元格的矩阵。

例子:一个企业家寻求关于改变或不改变他的(或她的)企业的法定形式的建议。这可以归结为一个不同于企业到企业的特殊问题。税务局网站仅提供了关于不同法定形式存在的一般信息。税务局可以在网站上使用下面的交互参考:"法定形式的选择是一个复杂的问题,它需要一个量身定做的答案来回应。因此,我们不能为您提供答案。请与咨询组织电话联系或会谈,他们会为您提供适合您自身处境的所有相关信息。"

本文首先阐明了在公共服务交付策略中,整合多重信源和多重信道的重要性。它提供了创造信息搜索过程中信源和信道选择的整合理论的最初动力。未来应进行定量研究以增进我们对这一理论的理解。这些都可以为政府提供关于在信源和信道选择中的决定性因素的有用信息,并用以重点制定一个适宜的服务交付策略。

作者简介

伊冯·范·德恩·布尔(Yvon van den Boer),荷兰税收和海关管理局研究员。她早期在特温特大学学习三年半,于 2014 年 6 月获得了博士学位,其后在该校任职。她的研究集中于企业和政府互动服务中信息搜索过程中的信源和信道选择。关于这个主题,她已经发表了若干篇会议论文和文章。

威廉·彼特森(Willem Pieterson),赛迪欧社会有限公司(Syndio Social,Inc.)的首席运营官(Chief operating officer),该公司是一家位于芝加哥的研究咨询公司。他早期在美国西北大学网络科学社区研究小组担任副研究员,是特温特大学电子政府研究中心的创始人之一。他是多信道管理、电子政府和社会网络方面的专家。他已经出版了几十篇关于这些主题的文章、著作章节和会议论文。

贾恩·范·狄杰克(Jan van Dijk),荷兰特温特大学传播学与信息社会学教授。电子政府研究中心主任和传媒、通信与组织系主任。他最著名的一本书是《网络社会》。他是欧盟委员会顾问,以及荷兰多个信息与通信技术相关部委、城市部门的顾问。个人网站:http://www.gw.utwente.nl/vandijk

雷克斯·阿伦德森(Rex Arendsen),荷兰税收和海关管理局研究部主任,代尔夫特理工大学研究员。他的研究领域是电子政府,涉及企业、税收合规性管理系统和在加强税收合规性中商业中介服务提供商的角色。近来,他在《政府信息季刊》和《计算机科学讲义》上发表过文章。

参考文献

Anderson CJ, Glassman M, McAfee RB and Pinelli T (2001) An investigation of factors affecting how engineers and scientists seek information. *Journal of Engineering and Technology Management* 18(2): 131–155.

Arendsen R, Ter Hedde MJ and Hermsen H (2011) Exploring the future of public–private egovernment service delivery. In: Janssen M, et al (eds) *Electronic Government LNCS 6846*. Delft, The Netherlands, September. Heidelberg: Springer, pp. 441–452.

Baldwin NS and Rice RE (1997) Information-seeking behavior of securities analysts: Individual and institutional influences, information sources and channels and outcomes. *Journal of the American Society for Information Science* 48(8): 674–693.

Bergers AM (2003) Communication with SME entrepreneurs: Assistance for communication advisors of the federal government. Retrieved from: http://communicatieplein.nl/dsc?c = getobject&s = obj&objectid =

Boase J, Horrigan J, Wellman B and Rainie L (2006) The strength of internet ties. Report, Pew Internet & American Life Project, Washington, DC, 25 January.

Boyd A (2004) Multi-channel information seeking: A fuzzy conceptual model. *Aslib Proceedings* 56: 81–88.

Braun V and Clarke V (2006) Using thematic analysis in psychology. *Qualitative Research in Psychology* 3(2): 77–101.

Byström K (2002) Information and information sources in tasks of varying complexity. *Journal of the American Society for Information Science and Technology* 53(7): 581–591.

Byström K and Järvelin K (1995) Task complexity affects information seeking and use. *Information Processing & Management* 31(2): 191–213.

Carlson JR and Zmud RW (1999) Channel expansion theory and the experiential nature of media richness perceptions. *Academy of Management Journal* 42(2): 153–170.

Christensen EW and Bailey JR (1997) A source accessibility effect on media selection. *Management Communication Quarterly* 10(3): 373–387.

Cross R and Sproull L (2004) More than an answer: Information relationships for actionable knowledge. *Organization Science* 15(4): 446–462.

Daft RL and Lengel RH (1984) Information richness: A new approach to managerial behavior and organizational design. *Research in Organizational Behavior* 6: 191–233.

Daft RL and Lengel RH (1986) Organizational information requirements, media richness and structural design. *Management Science* 32(5): 554–571.

De Vos H (2008) Channel choice: Preference of entrepreneurs. Report, Novay, Enschede, Netherlands.

Ebbers WE, Pieterson WJ and Noordman HN (2008) Electronic government: Rethinking channel management strategies. *Government Information Quarterly* 25(2): 181–201.

Ellis D (1989) A behavioural model for information retrieval system design. *Journal of Information Science* 15(4–5): 237–247.

European Commission (2004) Multi-channel delivery of eGovernment services. Report, Interchange of Data Administrations, Amsterdam, The Netherlands.

Fulk J, Schmitz J and Steinfeld CW (1990) A social influence model of technology use. In: Fulk J and Steinfeld CW (eds) *Organizations and Communication Technology*. London: Sage Publications, pp. 117–140.

Gagnon YC, Posada E, Bourgault M and Naud A (2010) Multichannel delivery of public services: A new and complex management challenge. *International Journal of Public Administration* 33(5): 213–222.

Gerstberger PG and Allen TJ (1968) Criteria used by research and development engineers in the selection of an information source. *Journal of Applied Psychology* 52(4): 272–279.

Haythornthwaite C (2002) Strong, weak, and latent ties and the impact of new media. *The Information Society* 18(5): 385–401.

Haythornthwaite C and Wellman B (1998) Work, friendship, and media use for information exchange in a networked organization. *Journal of the American Society for Information Science* 49(12): 1101–1114.

Ingwersen P and Järvelin K (2005) *The Turn*. Heidelberg: Springer.

Jansen J, Van de Wijngaert L and Pieterson W (2010) Channel choice and source choice of entrepreneurs in a public organizational context. In: Wimmer MA, et al (eds) *Electronic Government LNCS 6228*. Lausanne, Switzerland, September. Heidelberg: Springer, pp. 144–155.

Janssen M and Klievink B (2009) The role of intermediaries in multi-channel service delivery strategies. *International Journal of Electronic Government Research* 5(3): 36–46.

Johnson JD (2003) On contexts of information seeking. *Information Processing & Management* 39(5): 735–760.

Katz E and Lazarsfeld PF (1955) *Personal Influence: The Part Played by People in the Flow of Mass Communication*. New York: The Free Press.

Korzenny F (1978) A theory of electronic propinquity mediated communication in organizations. *Communication Research* 5(1): 3–24.

Krikelas J (1983) Information-seeking behavior: Patterns and concepts. *Drexel Library Quarterly* 19: 5–20.

Krueger RA and Casey MA (2009) *Focus Groups: A Practical Guide for Applied Research*. Thousand Oaks, CA: Sage Publications.

Landis JR and Koch GG (1977) The measurement of observer agreement for categorical data. *Biometrics* 33(1): 159–174.

Leckie GJ, Pettigrew KE and Sylvain C (1996) Modeling the information seeking of professionals: A general model derived from research on engineers, health care professionals, and lawyers. *Library Quarterly* 66(2): 161–193.

Morgan D (1988) *Focus Groups as Qualitative Research*. Thousand Oaks, CA: Sage Publications.

Mulgan G (2004) Connexity revisited. In: McCarthy H, Miller P and Skidmore P (eds) *Network Logic: Who Governs in an Interconnected World?* London: Demos, pp. 49–62.

Nicholson M, Clarke I and Blakemore M (2002) One brand, three ways to shop: Situational variables and multichannel consumer behavior. *International Review of Retail, Distribution and Consumer Research* 12(2): 131–148.

OECD (Organization for Economic Co-operation and Development) (2012) Forum on Tax Administration: Working smarter in revenue administration – Using demand management strategies to meet service delivery goals. Report, January.

O'Reilly CA (1982) Variations in decision makers' use of information sources: The impact of quality and accessibility of information. *Academy of Management Journal* 25(4): 756–771.

Patton MQ (2002) *Qualitative Research & Evaluation Methods*, 3rd edn. Newbury Park, CA: Sage Publications.

Pieterson W (2009) Channel choice: Citizens' channel behavior and public service channel strategy. PhD Thesis, University of Twente, The Netherlands.

Pieterson W and Ebbers W (2008) The use of service channels by citizens in the Netherlands: Implications for multi-channel management. *International Review of Administrative Sciences* 74(1): 95–110.

Reddick CG (2005) Citizen-initiated contacts with government. *Journal of E-government* 2(1): 27–53.

Rogers EM and Kincaid DL (1981) *Communication Networks: Toward a New Paradigm for Research*. New York: The Free Press.

Saunders C and Jones JW (1990) Temporal sequences in information acquisition for decision-making: A focus on source and medium. *Academy of Management Review* 15(1): 29–46.

Savolainen R (1995) Everyday life information seeking: Approaching information seeking in the context of 'way of life'. *Library & Information Science Research* 17(3): 259–294.

Savolainen R (2008) Source preferences in the context of seeking problem-specific information. *Information Processing & Management* 44(1): 274–293.

Savolainen R and Kari J (2004) Conceptions of the internet in everyday life information

Shannon CE and Weaver W (1949) *The Mathematical Theory of Communication*. Chicago: University of Illinois Press.

Sitkin SB, Sutcliffe KM and Barrios-Choplin JR (1992) A dual capacity model of communication media choice in organizations. *Human Communication Research* 18(4): 563–597.

Taylor SJ and Bogdan R (1984) *Introduction to Qualitative Research Methods: The Search for Meanings*. New York: John Wiley & Sons.

Thomas DR (2006) A general inductive approach for analyzing qualitative evaluation data. *American Journal of Evaluation* 27(2): 237–246.

Thomas JC and Streib G (2003) The new face of government: Citizen-initiated contacts in the era of e-government. *Journal of Public Administration Research and Theory* 13(1):

83–102.

Van den Boer Y, Van de Wijngaert L, Pieterson W and Arendsen R (2012) On the interaction of source and channel choice in the government-to-business context. In: Scholl HJ, et al (eds) *Electronic Government*. Kristiansand, Norway, September. Heidelberg: Springer, pp. 27–39.

Wilson TD (1981) On user studies and information needs. *Journal of Documentation* 37(1): 3–15.

Wilson TD (1999) Models in information behaviour research. *Journal of Documentation* 55(3): 249–270.

Woudstra L and van den Hooff B (2008) Inside the source selection process: Selection criteria for human information sources. *Information Processing & Management* 44(3): 1267–1278.

Young L and Pieterson W (forthcoming) Communication in a networked world. In: Holtzhausen D and Zerfass A (eds) *The Routledge Handbook of Strategic Communication*. New York: Routledge.

Exploring information-seeking processes by businesses: analyzing source and channel choices in business-to-government service interactions

Yvon van den Boer, Willem Pieterson and Jan van Dijk

Center for e-Government Studies, University of Twente, The Netherlands

Rex Arendsen

Netherlands Tax and Customs Administration, Centre for Professional Development and Communication, The Netherlands

Abstract

With the rise of electronic channels it has become easier for businesses to consult various types of information sources in information-seeking processes. Governments are urged to rethink their role as reliable information source and the roles of their (electronic) service channels to provide efficient service support. This article addresses how governments cope with the availability of numerous sources and channels and focuses on similarities, differences and interdependencies between source and channel selection processes. Individual and group interviews were held with businesses throughout the Netherlands. The results indicate that some factors influence source and channel choices (e.g. *task characteristics*), others influence only channel choice (e.g. *situational factors, channel characteristics*). *Source* and *relationship characteristics* uncover interdependencies between both, since these source-related concepts influence channel choices. Further insight is needed to increase our understanding and come to an integrated theory of source and channel choices in information-seeking processes.

Points for practitioners

The channels used by the government are in their own control (i.e. information quality);

however, other sources and their channels are outside their control. Management of these sources can be realized through strategic partnerships with crucial sources. The first implication is that governments provide content to other sources, which these sources can use for advice to its customers. The second implication concerns the use of cross-referrals between sources and their channels. For instance, the government website contains a recommendation to call an advisor for specific information since this source-channel combination provides only general information.

Keywords
channel choice, government, information seeking, service delivery, source choice

国际行政科学评论

管理智慧城市：关于智慧城市治理的文献综述

阿尔伯特·梅耶[①]　　曼努尔·彼得罗·罗德里格斯·玻利瓦尔
Albert Meijer　　Manuel Pedro Rodríguez Bolívar
翻译：奉　莹　　审校：王欣红　陈叶盛

【摘　要】 学术界对于智慧城市以及智慧城市治理方面的研究关注度与日俱增，但是研究方法的碎片化又导致争论不断。本文通过分析一个包含51篇文章的资料库并标明其变化，将争论进行了归类和阐述。分析表明，各出版物强调的重点在以下方面有所不同：①将智能技术、智慧人群或智慧协作用来定义智慧城市的特征；②以变革或增量的视角来分析城市治理的变化；③将一个更好的结果或更加开放的过程作为智慧城市治理的合理诉求。我们主张这样一个全面的视角：智慧城市治理是通过使用信息通信技术来创建人类协同合作的新形式，从而获取更好的结果和更为开放的治理过程。智慧城市治理的研究可以受益于以往关于电子政务成功和失败因素的研究，依赖社会技术变革的复杂理论。本文强调，智慧城市治理并不是一个技术问题：我们应当将其视为一个制度变革的复杂过程，并且认识到社会技术治理动人愿景的政治特征。

对实践工作者的启示

本研究有助于实践工作者深入理解当前有关智慧城市治理的争论。

① 通信作者：
Albert Meijer, Utrecht University — School of Governance, Bijlhouwerstraat 6, NL-3511 ZC Utrecht, The Netherlands.
E-mail: A. J. Meijer@uu. nl

本文强调治理智慧城市是通过使用信息和通信技术来创建人类协同合作的新模式。城市管理者应该认识到技术本身不会使一个城市变得更智能:建设一个智慧城市需要对技术进行政治理解,从过程的角度管理新兴智慧城市,以及同时关注经济利益和其他的公共价值。

【关键词】 协同治理;电子政府;智慧城市;城市治理

一、作为一个新兴研究领域的智慧城市

全球超过50%以上的人口生活在城市(UN,2011),城市政府面临着诸多的挑战:既要创造财富和创新,又要保持健康和可持续性。城市应该是绿色和安全的,但又要有文化活力(Landry,2006)。除此之外,城市需要能够融合来自不同(民族、宗教、社会经济)背景的不断增长的人口。最近,巴伯(Barber,2013)指出城市政府在处理全球性问题方面极为重要,并声称"市长统治世界"。现有的行政管理强调城市作为治理中心的作用,这与学术界的关注是并行不悖的。城市治理已经发展成了一个成熟的学术领域(Pierre,1999,2011),然而最近,这门学科又与技术和创新相关学科联系到了一起。电子政务和创新研究与城市治理相结合,可以形成促使城市更加智慧的方法(Nam and Pardo,2011)。

理查德·弗洛里达(Richard Florida,2002)关于创意城市的研究强调了城市之间的全球竞争,查理斯·兰德(Charles Landry,2006)强调地方政治官员和城市管理者不应该是努力成为世界上最好的城市,而应当是为世界建设最好的城市。如果可以更有效地解决广泛的社会问题,没有人会反对让城市变得更加智慧。人们认为需要智慧技术、智能协作、受教育程度高的人口、有效的制度来应对现代城市所面临的挑战。有关智慧城市的讨论正在全世界迅速传播。城市是经济发展的核心这一思想正大行其道,对于城市治理来说,这意味着城市政治官员和管理者不应以解决所有问题为目标,而是要增加城市系统解决各类问题的能力,并形成广泛的公共价值(Landry,2006)。

当前将城市治理的重点放在智慧城市建设上的一个例子是阿姆斯特丹智能城市计划(amsterdamsmartcity. com)。该计划是"企业、政府机关、研究机构、市民之间的一种独特合作",目标是将阿姆斯特丹市区建设成为智慧城市,重点关注居民的生活、工作、流动、公共设施和开放数据这些主题。城市就如同是"都市生活实验室",企业可以在这里测试和展示其创新性产品与服务。这种合作为参与者之间的知识交流和学习创造了一个基础平台,并且在可持续能源、创新的健康解决方案、更便捷的交通和更高

(数字化)的公民参与度方面给出了具体的方案。

这一案例强调,城市变得越来越智能,不仅体现在服务于居民、建筑、交通系统的城市常规功能的自动化,还体现在城市能够监控、理解、分析和规划城市,以在现实生活中为市民提高效率、公平和生活质量(Battey et al.,2012)。因此,在国际期刊和著作中也有越来越多关于这类主题的研究。相关文献虽然丰富但同时也是碎片化的:尽管对定义智慧城市做了一些尝试,但该术语仍然是一个模糊不清的概念,在文献中没有一致的定义(Tranos and Gertner,2012)。

在智慧城市治理概念中也同样存在碎片化。学者们普遍认为,政府政策在建设智慧城市方面扮演了重要角色(Yigitcanlar et al.,2008),并且这与公共管理视角的观点深度契合,该视角强调解决社会问题并不仅仅只是形成良好政策的问题,更是如何在政府和其他利益相关者之间组成强有力协作关系的管理方面的问题(Torfing et al.,2012)。来自电子政府研究领域的研究者开始对城市治理产生兴趣,对城市治理感兴趣的学者开始关注技术,但这些学科之间的有效链接需要厘清概念并从理论视角重新定位。

近几十年来,社会结构和新技术之间从设计到开发、促进、培育再到协同的问题一直是电子政府研究的重中之重(Danziger et al.,1982;Fountain,2001;Gil-Garcia,2012)。这些研究一直在调查如何利用新技术增强政府的质量和有效性。我们现在看到的是,社会－技术协同问题正在从组织层面——或组织链层面——向城市系统层面纵向扩展。现有的概念和理论可以作为研究更高层次问题的基础,但也需要修正,以使其适用于研究城市之间的相互作用。与此同时,对于智慧城市这个看起来很吸引人的概念来说,这些理论有助于形成丰富的分析性、批判性观点。

本文对分析智慧城市治理的各种不同方法进行了概念性描述,以便分析与日俱增的文献中各种不同的概念和学科渊源。我们的分析基于广泛和系统的文献综述。通过挑选有关治理智慧城市的不同观点,并强调智慧城市治理研究中的不同重点,我们致力于在模糊的概念沼泽中进行厘清。此外,我们将识别当前方法中存在的缺点和遗漏,并制定一个研究议程。

二、文献综述:方法和资料库

文献综述包括三个阶段。考虑到智慧城市这一主题的多学科性质,我们第一阶段尝试对相关文章进行广泛收集。为达此目的,我们在美国科学情报研究所网络数据库、科学直通车数据库、斯高帕斯数据库、学术期刊全文资料库(业务来源、图书馆、信息科学与技术文摘、社会学全文和电子书)以及 ABI/INFORMS(普若凯斯特咨询有限公司)数据库都进行了搜索。在每一个数据库中,输入“智慧城市”在所有领域检索文章和论文,如会议论文、专著、著作章节和博士论文。[1]因此,“智慧城市”一词被输入到“文本”“主题”“标题”“关键词”和“摘要”等选项当中,在所有的数据库中进行筛选。此外,我们的文献搜索并不限制期刊的领域,只要这些期刊上有相关论文发表。根据以上要求,在美国科学情报研究所网络数据库、科学直通车数据库、斯高帕斯数据库、商业、经济管理全文数据库(ProQuest)中,我们分别获取了 171、226、128 和 212 篇关于智慧城市的论文。

第二阶段的工作主要是基于摘要对相关文章进行挑选。根据与智慧城市治理探讨的相关性程度,我们对所有检索到的文章进行分析。我们阅读了摘要和导论部分,并对文章的总体框架进行了核查。那些具有明确技术特征但不涉及本文所讨论领域的文章被剔除出样本。此外,为避免文章的重复计数,通过交叉对比数据库后只将不同的文章保留下来。通过上述处理,最后得到一个包含 80 篇文章的样本。

第三阶段的工作是对在第二阶段筛选出的与我们研究问题相关的文章进行仔细地阅读。在这一阶段,我们对本文所识别的每一个领域进行了定性的内容分析。文献综述被移除出样本,因为它们对研究的问题没有新的贡献。由此我们得到了一个由 51 篇文章组成的终极数据库,这些文章发表在国际期刊、著作、会议论文以及研究报告上。

最终一个包含 51 篇文章的资料库得以形成,涉及智慧城市治理的不同方面。人们注意到这个主题是新近的事情:最早的文献是 1999 年发表的,但是大多数的文章是在 2001 年(9 篇论文)和 2012 年(18 篇论文)发表的。绝大多数的出版物是发表在期刊上的论文(35 篇),但是我们也找到了相关书籍(5 本),和一些书的相关章节(4 本)以及其他一些形式的资料,比如未出版的研究报告(4 本)、会议纪要(2 篇)以及未出版的学位论文(1 篇)。这些文章发表在各种各样的期刊和会议集刊上,只有两本期刊上有两篇以上的论文与智慧城市治理有关:《理论与应用电子商务研究》(4 篇)和《城市技术杂志》(3 篇)。

我们对这些文章进行了定性分析,以识别它们是如何将智慧城市、智慧治理、智慧城市的驱动力以及目标进行概念化的。我们分析的最主要目的是了解这些方法的多样性并且探究某些问题程度。为此,我们对这些不同的维度进行了归纳分类并应用于收集到的文章上。我们进行了完整的文本分析,以确认相关定义、政府的不同角色以及不同的合法性诉求。

我们阅读了完整的文章来确定论点,然后聚焦在智慧城市治理的具体定义、对政府角色的详细讨论以及对智慧城市治理的确切目标上。研究团队的一位研究助理使用了这些分类标签,另两位研究者做了大量审查,并不时加以讨论以加强复杂的定性分析。对于明确的定义、角色和目标的聚焦导致大量的"缺失值"。为了了解智慧城市治理方法的概念碎片,我们通过得到的数据对每个领域的差异性和相似性做了分析。

三、定义智慧城市:智慧技术、智慧群体还是智慧协作?

在我们分析过的有关智慧城市的文献中,我们发现了三种不同类型的定义:智慧城市就是运用智慧技术的城市(侧重技术);智慧城市即拥有智慧人才的城市(侧重人力资源),以及智慧城市指代实现智慧协作的城市(侧重治理)。显然,有些文章是建立在上述三种定义当中的其中一种的基础之上,而其他文章采用了复合的定义。我们对所有的文章进行了分析,以确定它们到底是按照上述某一种还是按照对三种类型的任意组合来定义智慧城市的。分析结果见表1。

表1显示,很多文章没有对智慧城市给出定义。在给出定义的文章中,关注技术的和关注两三个综合因素的文章数量相等,关注人力资源或治理的论文数量比较少。我们对这些文章进行了定性分析,以便对从这些不同的视角定义智慧城市的方式获得更好的理解。

表1 "智慧城市"的定义

智慧城市是……	关注点	文献数	参考文献
城市中的智能技术	技术	12	4,5,8,14,26,27,29,31,39,46,47,48
城市中的智慧人群	人力资源	4	32,34,43,50
城市中的智慧协作	治理	6	10,15,28,38,41,51
城市中智能技术、智慧人群、智慧协作的结合		12	1,2,9,12,13,21,23,25,30,37,40,42
无定义		17	3,6,7,11,16,17,18,19,20,22,24,33,35,36,44,45,49

在关注智能技术的文章中,作者强调了新技术加强城市系统功能的可能性。这些文章因将技术视为智慧城市的主要特征而被归为一类。技术覆盖的范围很广,从复杂的能源技术(如智能电网)到运输系统再到交通管制系统都包含在内。在智慧城市的定义中经常出现的一个方面是信息和通信技术的运用(Lee et al.,2013;Odendaal,2003;Walravens,2012)。沃

什伯恩等人(Washburn et al.,2010:2)将智慧城市定义为“通过智能计算机技术的使用,使城市重要的基础设施和服务——包括城市管理、教育、健康、公共安全、房地产、交通和公用事业——更加智慧、互联和高效”。奥里格(Aurgi,2005)认为,即使存在多种不同的视角看待智慧城市,但信息和通信技术对未来城市的运行至关重要应是所有视角的内核。诸多学者也突出强调社会问题,如商业主导的城市发展的重要性、社会包容性议程、城市发展中创新产业的作用以及在城市发展和城市可持续性中社会资本的重要性。这一方法的主要特点是将技术作为反思这些其他问题的出发点(Lee et al.,2013;Walravens,2012)。

关注人力资源的文章并不忽视技术,而是将智慧群体作为智慧城市运行的核心。这些文章因其将人力资本以及/或者人力资源作为智慧城市的关键特点而被归为一类。智慧城市被定义为大部分成年人具有大学学历的城市地区(Shaoiro,2006)。这些智慧城市往往是小规模或中等规模的城市地区,拥有一流的州立大学,并且在最近几年时间里保持持续增长(Winters,2011)。这类智慧城市的概念主要建立在智慧居民的特点之上,是从居民的受教育程度(智慧人群)的意义上来定义的;而且这一教育水平被视为城市发展的主要驱动力(Lombardi et al.,2012;Shapiro,2006)。对城市拥有受过高等教育人群的原因存在不同的看法:夏皮罗(Shapiro,2006)认为受过高等教育的人搬迁到城市是为了享受高品质的生活;温特斯(Winters,2011)则认为,学生在完成他们的学业之后自然而然就留在城市里。

关注社会治理的文章强调城市中多个利益相关者之间的相互作用是智慧城市的主要特征。他们从用户至上的角度出发来研究智慧城市,比其他相应概念更加强调市民和其他利益相关者(Calderoni et al.,2012)。这一视角强调将知识中心与城市各种参与者的行为连接在一起以创建“创新中心”的重要性(Kourtit et al.,2012)。协作的观点在这种方法中显得更加重要,各位作者重点关注在城市行为者网络中形成高效互动(Kourtit et al.,2012;Yigitcanlar et al.,2008)。

将智慧技术、智慧人群和智慧协作三种要素组合起来下定义的文章也不在少数。霍兰斯(Hollands,2008)强调智慧城市不仅需要成熟的信息技术,同时也需要不同群体的加入(也可参见 Sauer,2012;Schuurman et al.,2012)。吉芬格等人(Giffinger et al.,2007)对智慧城市的概念给出了一个详尽的讨论并且识别了其六个特征。然而,他们的概念将智慧城市是什么(智慧人群、智慧治理)和智慧城市想要达到的目标(智慧经济、智慧流动、智慧环境和智慧生活)混在了一起。卡拉格力等人(Caragliu et al.,2011:70)提出一个重要且深刻的定义,“我们认为当人力资本投资和社会资本以及传统的(交通)和现代的通信基础设施成为可持续的经济增长和高品质生活的动力,并且通过参与式治理对自然资源进行智慧管理时,智慧城市就形成了”。

这一分析强调了在文献中存在着三种不同的理想型的智慧城市概念。一个综合的定义——如卡拉格力等(Caragliu et al.,2011)提出来的——需要包含所有的这些方面,此外,我们还认为一个城市不能被定义为智慧的或者是“愚蠢的”,但是可以在这三个领域内分析其结构和文化特点。为了明确智慧城市治理的这三个组成部分,并强调智慧化是一个渐进式的概念,我们更想提出如下的智慧城市定义:城市的智慧化是指其吸引人力资本并通过信息和通信技术的运用来调动这一人力资本在不同(机构的和个体的)行为者之间进行协作的能力。

四、政府的角色:智慧城市的治理还是智慧治理?

在大量的文献综述基础之上,我们确定了四种理想型的智慧城市治理概念:①智慧城市的政府;②智慧决策;③智慧管理;④智慧城市协作。这些概念反映了有关政府在现代社会所起作用的不同理论视角(Osborne,2006;Torfing et al.,2012),以及为了让城市更加智慧对政府角色转变必要性的不同看法。较保守的概念认为现有的制度安排能为我们带来智慧城市,而更激进的概念认为政府自身需要转变从而创造出智慧城市。根据上文提出的政府角色的观点和理论架构中对政府的概念化,我们对这些文章进行了分类。不同角色指标的例子如下。表2列举了4个视角的文章数量。

表2显示,大多数的文章没有对智慧城市治理提出明确的观点,但至少有3篇文章对上述每个视角进行了概述。绝大多数文章都提及拥有最高转型水平的视角——智慧城市协作,这说明在有关智慧城市治理的文献中,转型的思路占据主导地位。需要注意的是,一个更高级别的转型能否创造一个更加智慧的城市,实际上是一个经验的而不是概念的问题。好的管理和好的政策能够在城市层面产生强有力的相互作用,然而对智慧协作的关注可能导致合作问题吸引更多注意力而不是真正使事情得到解决。哪种治理模式最为有效和最为合法(在一定的条件下和一定的情境中),这一问题需要通过实证研究来进行回答。

表2　　有关智慧城市治理的视角

智慧治理的视角	转型水平	关注点	文献数量	参考文献
一个智慧城市的政府	低	好的管理,好的政策	4	2,29,36,50

续表

智慧治理的视角	转型水平	关注点	文献数量	参考文献
智慧的决策	中低	创新决策制定过程	2	45,47
智慧的政府管理	中高	创新组织与管理	5	8,11,24,31,51
智慧城市合作	高	创新治理网络	9	6,10,15,23,25,28,32,42,44
无明确观点			31	1,3,4,5,7,9,12,13,14,16,17,18,19,20,21,22,26,27,30,33,34,35,37,38,39,40,41,43,46,48,49

第一个层次的智慧治理概念认为,政府结构和流程的转变是没有必要的。在这一概念中,智慧治理仅仅是智慧城市的治理:智慧治理指的是做出正确的政策选择并以有效和高效的方式来执行这些政策。贝蒂等(Batty el at.,2012:505)强调,当城市致力于提升自身的智慧水平时,智慧治理只是与城市政府管理相关的一个属性。奥坎达利等人(Alkandari et al.,2012)认为,政府必须支持智慧城市的发展,并优先发展某些领域;温特斯(Winters,2011)认为,为了发展智慧城市,政府必须促进高等教育中心的发展。最后,南(Nam,2012)强调了智慧治理主要与促进智慧城市的举措相关。

第二个层次的智慧治理的概念强调智慧决策过程的必要性以及对这些决策的具体实施。我们将这一概念定位在一种低水平的转型,因为它不涉及组织和政府机关的重构,但它确实强调对决策进行重构的必要性。联合国亚太经济与社会委员会(UNESCAP,2007)强调,智慧治理是"一个决策的过程和执行(或不执行)决策的过程"。瓦尔拉芬斯(Walravens,2012:125)补充道,通过使用互联网技术,决策可以变得更富创新性。舒尔曼等(Schuurman et al.,2012:51)将智慧治理定义为通过传感器或传感器网络收集各种关于公共管理的数据和信息的过程。通过运用更加完整、更加适合和更易得到的信息为政府决策过程和执行提供便利,新技术用于加强政府的理性。

第三个层次的概念认为智慧治理就是创建一个智慧管理体系。基尔·加西亚(Gil-Garcia,2012:274)认为,智慧化是电子治理的一种新形式,它通过使用成熟的信息技术对信息、流程、机构和物理基础设施进行互联和整合,以更好地服务于民众和社区。这种类型的智慧治理处于一种较高的转型水平,因为它需要重构政府的内部组织:管理必须具有创新性才能满足政策差异化的需要。卡拉格力和德尔·博(Caragliu and Del Bo,2012)指出,特定空间特征会影响智慧城市的发展,因此需要根据所处地理位置的不同实施差异化的政策行动。贝蒂等(Batty el at.,2012)强调,“智慧治理对于协调构成智慧城市的许多不同组成部分来说起到了更强大的智慧功能,它是一个将政府和企业的各种传统职能汇集在一起的结构”。

第四个层次的概念是最具变革性的,强调智慧治理是城市中不同的主体之间的智慧城市协作。我们将这一概念定位为最高层次的转型,因为它不仅包含了内部组织的转变,也包含了外部组织的变化。贝特根(Bătăgan,2011:85)认为,“智慧治理意味着跨部门和跨社区合作,以此促进经济增长,并最终实现运作和服务真正以公民为中心”。同样,特普斯科特和阿格纽(Tapscott and Agnew,1999:37)强调,智慧治理是在新技术的推动下,对一种更具连接性的、更加以社区为基础的模型的普遍采用。克洛特等人(Kourtit et al.,2012)认为,“智慧治理是积极主动和开放的治理结构,囊括所有参与者,目的是实现城市的社会经济效益和生态效益最大化,并应对负外部性和历史性的增长路径依赖”。

总而言之,占主导地位的观点认为治理转型是值得的,也为城市智慧化所需。但人们可能会质疑,这种转型是一直被需要的吗?一小部分文章确实强调,使城市更加智慧是为了找到更好的方式完成政府的基本任务。要理解智慧城市治理,重要的是要认识到,智慧治理可以按照从制度对话(传统的智慧城市治理)到制度转型(智慧城市治理)程度的不同进行不同层次的划分。

五、智慧城市的合法诉求:结果还是过程?

我们的分析表明,一些作者通过在财富、健康和可持续发展领域产生的更好的政策结果而强调加强城市治理的合法性,而其他人则侧重于加强公民参与和开放的合作方式。前者关注政府行为作为政府合法性来源的内容,后者强调治理的过程(Scharpf,1999)。论文的分类是在全文分析的基础上,重点关注论文的绪论、理论框架和结论。不同类别的指标如下文所示。每个研究视角的出版物数量见表 3。从表 3 可以看出,大部分文章没有提及智慧城市目标,但在提到目标的文章中,强调结果与强调过程的文章数量基本相等。

表 3　　智慧城市的目标

合法性要求	更多细节	文献数量	参考文献
城市治理的更好结果	财富、健康、可持续发展	9	7,16,19,28,29,30,31,39,43

续表

合法性要求	更多细节	文献数量	参考文献
更好的城市治理过程	公民参与、开放式合作	10	8,10,15,18,32,38,40,42,46,47
没有明确的目标		32	1,2,3,4,5,6,9,11,12,13,14,17,20,21,22,23,24,25,26,27,33,34,35,36,37,41,44,45,48,49,50,51

在强调成果的文章中,我们在李等(Lee el at.,2013)的研究成果中找到了对智慧城市治理合法性诉求最为常见的描述。他们强调,政府应该设计技术路线图以支持未来科技的研究和发展,改善能够提高居民生活质量的公共服务,以此加强政府的合法性。英格兰德(England)在 2009 年提出了如何加强生活质量的具体指征。他强调,政府应该设计一个政府补贴计划来促进智慧城市的基础设施(供水、电力系统、交通系统、城市基础设施)、教育、健康和创新领域的发展。克洛特等(Kourtit et al.,2012)认为政府应当同时关注物质产出(财富)和后物质产出(健康和可持续发展)。卡拉格力等人(Caragliu,2009)补充道,智慧城市的目标还应包括实现城市居民在公共服务中的社会融合。许多作者提到了智慧城市治理的一般性合法诉求,但克洛特等人(Kourtit et al.,2012)强调智慧城市应该适应历史增长的路径依赖。虽然在一定程度上,所有的城市都面临类似的问题,智慧城市中不同人群的社会融合是一个重要的目标,但是健康可能是一个更重要的目标。此外,城市目标取决于全体城市居民认为什么是重要的。在一些城市,艺术和文化可能被认为是智慧城市项目的一个核心目标,而在其他城市,更好的交通可能是优先考虑的目标。关键在于,尽管一些作者强调了城市系统的环境特征(Caragliu and Del Bo,2012;Giffinger et al.,2007;Kourtit et al.,2012),但是在技术性的讨论中,“最佳城市”的理念仍然处于主导位置。

在将通过智慧城市获取城市治理合法性视为一个过程的文章中,权力和民主的问题起到了关键作用。这一视角强调了在城市治理中市民与相关利益者的积极参与。但是这种参与类型在本质上不具有政治性。几位作者均强调当城市可以汇集所有参与主体的智慧并产生一个智能的学习系统的时候,城市会变得更加智慧。迪威尔和白莎尔(Dvir and Pasher,2004)强调,政府应该为公民提供促进知识创造、知识交流和创新的有利条件。创建一个更好的学习环境的想法也体现在开放数据和智慧城市治理之间的密切关联上。开放数据作为加强城市集体智慧的一种方法得到了广泛传播,公司、创新者、非政府组织和公民都可以从这些数据中获得价值。有意思的是,智慧化并不是意味着数据对所有人都平等开放。瓦尔拉芬斯(Walravens,2012)指出,“政府应提升开放数据系统,但是负责任的政府机构应认真考虑这个数据系统在什么情况下开放以及对谁开放”。同样地,贝蒂等人(Batty et al.,2012)指出,在智慧城市框架之下,政府法规必须保护数据和模型开发,设定适当的接口,设置权限确保在线查阅资料的安全性,注意保密、知识产权和隐私问题等。在这些陈述中,可以清楚地看到可获得性的政治含义,但它们却是作为管理城市智慧问题提出的。

上述讨论表明,通过强化结果(最重要的是不仅指财富,还有可持续发展),也通过政府更加民主的形式(最重要的是不仅指代表人制度,还包括对公民参与的指导),建设智慧城市对城市治理的合法性是有益的。这种双重合法性诉求与英格尔哈特(Inglehart,1971)在嬉皮士全盛时期所提出的后物质定位(Post-material position)很好地契合。韦格曼(Weggeman,2003:51)分析这一理论并强调后物质定位应该包括两个维度:经济增长与环境保护之间的矛盾;结构秩序与参与之间的矛盾。有趣的是,这些后物质时代的价值观与关于善治的技术视角结合在一起,产生了一个智慧城市能通过创新合作产生许多不同公共价值观的观点。

六、向智慧城市治理的深刻视角迈进

我们认为,由于存在多种研究智慧城市和智慧治理的视角,有关智慧城市治理的争论在目前还是十分混乱的。但当人们能够基于组织原则理解研究方法的多样性时,这种混乱会产生新的思想碰撞。

我们在文中已经表明,第一个存疑的领域与智慧城市的技术或社会属性相关。我们的文献回顾表明,许多公开发表的论文都关注技术,而其他一些则关注教育水平或城市居民的素质。还有一些文章综合这些视角从社会—技术角度看待智慧城市(最值得关注的文章有Caragliu et al.,2011;Giffinger et al.,2007;Nam and Pardo,2011)。我们一直认为,社会—技术角度是最为丰富的一个视角,但它应该建立在更多技术和社会分析上(Fountain,2001;Orlikowski,1992),以呈现出对智慧城市社会—技术动态在理论和实证方面的丰富理解。我们需要对智慧城市做出更加深刻的社会—技术分析,以提高我们对社会的/政府的结构与新技术之间(语境和具体的)相互作用的理论理解。

第二个存疑的领域涉及是否有必要转变现有的政府结构以促进城市智慧。文献综述表明,一些文章认为智慧治理只是对智慧城市的治理,而另一些文章则认为智慧城市是创新的决策方法、创新的管理甚至是创新的协作模式。我们认为,专注于创新协作是具有吸引力的观点,但可能不适合研究智慧治理的实践问题。在一个对智慧治理的实际分析中,我们需要分析转型的层次,然后将其与智慧城市的成功水平联系起来。我们不能事先假定,更高层次的转型在促进城市智慧化方面更为有效。就这一点而言,未来的研究应探讨智慧城市的治理模式,从而为在智慧城市的框架下识别政府结构不同层次的转型带来一些启发。在从旧的公共管理向新的公共治理转变的过程中,需要厘清公共管理领域有关转型的文献之间的联系(Osborne,2006)。通过对这些模型在实践中的分析,未来的研究可以加强关于智慧城市治理和协作式治理的不同观点间的联系(Torfing et al.,2012)。

第三个存疑的领域涉及智慧城市治理的合法性诉求。虽然一些学术刊物强调经济收益,但大部分智慧城市研究强调将后物质成果(可持续性)或是后物质过程(增强公民参与)作为政府合法性的来源(Inglehart,1971)。有趣的是,无论是可持续发展还是公民参与都不属于政治斗争和争论的问题,而是作为对“美好社会”的希望。到目前为止,几乎没有对智慧城市政治方面的分析,因为智慧城市被认为是一个“令人困惑的”问题,而不是“权力”问题。

有关智慧城市的学理性回顾表明,许多存在于信息系统和电子政务研究中的盲点和偏见被复制到智慧城市这个新兴的、不断发展的研究领域。目前,我们对智慧城市治理的研究提出以下建议:

- 将智慧城市治理定义为一个新兴的社会技术实践。目前的文献要么强调技术要么强调社会结构,而且对这两者之间相互作用和对新兴的社会技术实践的性质的理解是有限的。30 年来学者对治理技术的研究表明,应该对技术与社会结构之间复杂的互动关系进行分析,从而形成对技术治理的理论理解(Fountain,2001;Orlikowski,1992)。
- 对城市治理制度的转型和保持予以相同的关注。许多文章聚焦于治理的转型,但是没有对保留现有的组织和制度模式予以研究。治理技术的经典研究强调技术通常导致权力关系和价值分配的强化(Danziger et al.,1982)。需要通过实证研究来调查这种强化是否在智慧城市实践中发生。
- 要从经济增长和其他公共价值观来评估智慧城市治理的贡献。智慧城市治理对经济增长和其他公共价值观的实现具有多大的影响力,这方面的评估研究相对很少。急需通过深入的案例分析或量化比较研究来评估这些目标是否实现了。
- 智慧城市治理的政治学分析。大多数文章将智慧城市治理作为一个技术或者管理问题来看待。其潜在的假设是智慧城市使每个人的生活都变得更加美好,而对于技术选择的政治学缺乏关注。温纳(Winner,1986)的经典研究在此仍具重要意义:人造制品都与政治相关。具体的(技术性的)基础设施选择对城市权力分布会产生影响,因此也需要做相应的研究。

将社会—技术协作的范围从组织层面纵向扩展到城市系统层面必然有其优点,但对这些问题的研究应当避免将技术与社会结构之间的新结合进行简单化处理。研究智慧城市的治理应当从电子政府的成功因素中汲取养分

(Pardo and Gil-Garcia,2005),应当建立在已有的社会一技术变化理论之上(Bijker et al. ,1987;Fountain,2001;Orlikowski,1992),应当将智慧城市的发展作为制度变迁的一个复杂过程来看待(Snellen and Van De Donk,1997),并应该认识到具有美好愿景的社会—技术治理的政治属性(De Wilde,2000)。

注释

[1]我们特意不使用其他的术语,比如“智能城市”“虚拟城市”“创新城市”“知识型城市”或者是“创意城市”,因为这些术语的内涵有部分的重叠,而且它们也聚焦于一些其他的内容,比如吸引城市专家的注意力和创造城市的网络空间。我们的目标是探索智慧城市治理的不同含义,因此我们的查询仅限于此术语。

作者简介

阿尔伯特·梅耶(Albert Meijer),荷兰乌特勒支大学公共创新学院的教授。他的主要研究兴趣是电子政府、政务透明度、合产和智慧城市。梅耶是公共行政管理欧洲电子政务常设研究组主席。

曼努尔·彼得罗·罗德里格斯·玻利瓦尔(Manuel Pedro Rodríguez Bolívar),西班牙格拉纳达大学教授。他在许多国际期刊上发表了大量论文,包括《公共资金和管理》《政府信息季刊》《公共行政管理与发展》《网络信息评论》《国际行政科学评论》《美国公共行政评论》《算盘》《行政与社会》等。他同时也是国际期刊和若干本书的编辑和作者,其著作由克拉维尔科学出版社、施普林格出版社、泰勒和弗朗西斯出版公司以及 IGI 全球出版社出版。

参考文献

Alawadhi S, Aldama-Nalda A, Chourabi H, Gil-Garcia JR, Leung S, Mellouli S, Nam T, Pardo TA, Scholl HJ and Walker S (2012) Building understanding of smart city initiatives. In: Scholl HJ, Janssen M, Wimmer MA, Moe CE and Flak LS (eds) *EGOV 2012. Lecture Notes in Computer Science*, Vol 7443: pp. 40–53.

Alkandari A, Alnasheet M and Alshekhly IFT (2012) Smart cities: Survey. *Journal of Advanced Computer Science and Technology Research* 2(2): 79–90.

AMETIC (2013) *Smart cities 2012*. Leaders' comunicación, Madrid.

Aurigi A (2005) *Making the Digital City: The Early Shaping of Urban Internet Space*. Farnborough: Ashgate.

Baron M (2012) Do we need smart cities for resilience? *Journal of Economics & Management* 10: 32–46.

Bătăgan L (2011) Smart cities and sustainability models. *Informatica Economică* 15(3): 80–87.

Bătăgan L (2012) Methodologies for local development in smart society. *Economics of Knowledge* 4(3): 23–34.

Batty M, Axhausen KW, Giannotti F, Pozdnoukhov A, Bazzani A, Wachowicz M, Ouzounis G and Portugali Y (2012) Smart cities of the future. *European Physical Journal* 214: 481–518.

Beurden H van (2011) *Smart City Dynamics: Inspiring Views from Experts across Europe*. Amsterdam: Joh. Enschede.

Calderoni L, Maio D and Palmieri P (2012) Location-aware mobile services for a smart city: Design, implementation and deployment. *Journal of Theoretical and Applied Electronic Commerce Research* 7(3): 74–87.

Caragliu A and Del Bo C (2012) Smartness and European urban performance: Assessing the local impacts of smart urban attributes. *Innovation: The European Journal of Social Science Research* 25(2): 97–113.

Caragliu A, Del Bo C and Nijkamp P (2009) Smart cities in Europe. Proceedings of the 3rd Central European Conference on Regional Science. Košice, Slovak Republic.

Caragliu A, Del Bo C and Nijkamp P (2011) Smart cities in Europe. *Journal of Urban Technology* 18(2): 65–82.

Chourabi H, Nam T, Walker S, Gil-Garcia JR, Mellouli S, Nahon K, Pardo TA and Scholl HJ (2012) Understanding smart city initiatives: An integrative and comprehensive theoretical framework. In: *Proceedings of the 45th Hawaii International Conference on System Sciences*. pp. 2289–2297.

Coe A, Paquet G and Roy J (2001) E-governance and smart communities: A social learning challenge. *Social Science Computer Review* 19(1): 80–93.

Cosgrave E, Arbuthnot K and Tryfonas T (2013) Living labs, innovation districts and information marketplaces: A systems approach for smart cities. *Procedia Computer Science* 16: 668–677.

de Wilde R (2000) *De Voorspellers. Een kritiek op de toekomstindustrie*. Amsterdam: De Balie.

Deakin M (2012) Intelligent cities as smart providers: CoPs as organizations for developing integrated models of eGovernment Services. *Innovation: The European Journal of Social Science Research* 25(2): 115–135.

Dvir R and Pasher E (2004) Innovation engines for knowledge cities: An innovation ecology perspective. *Journal of Knowledge Management* 8(5): 16–27.

England P (2009) Managing urban water in Australia: The planned and the unplanned. *Management of Environmental Quality: An International Journal* 20(5): 592–608.

Florida R (2002) *The Rise of the Creative Class: And How it's Transforming Work, Leisure, Community and Everyday Life*. New York: Perseus Book Group.

Fusco Girad L, Lombardi P and Nijkamp P (2009) Creative urban design and development. *International Journal of Services Technology and Management* 13(2–3): 111–115.

Giffinger R and Gudrun H (2010) Smart cities ranking: An effective instrument for the positioning of cities? *ACE: Architecture, City & Environ* 4(12): 7–25.

Giffinger R, Fertner C, Kramar H, Meijers E and Pichler-Milanović N (2007) *Smart Cities: Ranking of European Medium-sized Cities*. Vienna. Available at: http://www.smart-cities.eu/download/smart_cities_final_report.pdf

Gil-Garcia R (2012) *Enacting Electronic Government Success: An Integrative Study of Government-wide Websites, Organizational Capabilities, and Institutions*. New York: Springer.

Hollands R (2008) Will the real smart city please stand up? Intelligent, progressive, or entrepreneurial? *City Analysis of Urban Trends, Culture, Theory, Policy, Action* 12(3): 303–320.

Inayatullah S (2011) City futures in transformation: Emerging issues and case studies. *Futures* 43(7): 654–661.

Komninos N (2002) *Intelligent Cities*. London: Spon.

Kourtit K, Nijkamp P and Arribas D (2012) Smart cities in perspective – a comparative European study by means of self-organizing maps. *Innovation: The European Journal of Social Science Research* 25(2): 229–246.

Kuk G and Janssen M (2011) The business models and information architectures of smart cities. *Journal of Urban Technology* 18(2): 39–52.

Lazaroiu GC and Roscia M (2012) Definition methodology for the smart cities model.

Energy 47(1): 326–332.

Lee JH, Phaal R and Lee S-H (2013) An integrated service-device-technology roadmap for smart city development. *Technological Forecasting & Social Change* 80(2): 286–306.

Leydesdorff L and Deakin M (2011) The triple-helix model of smart cities: A neo-evolutionary perspective. *Journal of Urban Technology* 18(2): 53–63.

Linders D (2012) From e-government to we-government: Defining a typology for citizen coproduction in the age of social media. *Government Information Quarterly* 29(4): 446–454.

Lombardi P, Giordano S, Farouh H and Yousef W (2012) Modelling the smart city performance. *Innovation: The European Journal of Social Science Research* 25(2): 137–149.

Malecki E (2002) Hard and soft networks for urban competitiveness. *Urban Studies* 29(5/6): 929–946.

Nam T (2012) Modeling municipal service integration: A comparative case study of New York and Philadelphia 311 systems. Dissertation, University at Albany, State University of New York.

Nam T and Pardo TA (2011) Smart city as urban innovation: Focusing on management, policy, and context. In: *Proceedings of the 5th International Conference on Theory and Practice of Electronic Governance*. pp. 185–194.

Nijkamp P and Kourtit K (2013) The 'new urban Europe': Global challenges and local responses in the urban century. *European Planning Studies* 21(3): 291–315.

Odendaal N (2003) Information and Communication Technologies (ICTs) and local governance: Understanding the differences between cities in developed and emerging economies. *Computers, Environment and Urban Systems* 27: 585–607.

Sauer SC (2012) Do smart cities produce smart entrepreneurs? *Journal of Theoretical and Applied Electronic Commerce Research* 7(3): 63–73.

Schaffers H, Komninos N, Pallot M, Trousse B, Nilsson M and Oliveira A (2011) Smart cities and the future internet: Towards cooperation frameworks for open innovation. In: Domingue J, et. al (eds) *Future Internet Assembly*. Lecture Notes in Computer Science 6656. New York: Springer, pp. 431–446.

Schuurman D, Baccarne B, De Marez L and Mechant P (2012) Smart ideas for smart cities: Investigating crowdsourcing for generating and selecting ideas for ICT innovation in a city context. *Journal of Theoretical and Applied Electronic Commerce Research* 7(3): 49–62.

Shapiro JM (2006) Smart cities: Quality of life, productivity, and the growth effects of human capital. *Review of Economics and Statistics* 88(2): 324–335.

Tapscott D and Agnew D (1999) Governance in the digital economy: The importance of human development. *Finance & Development* 36(4): 34–37.

UNESCAP (2007, January) What is good governance? Available at: http://www.unescap.org/pdd/prs/ProjectActivities/Ongoing/gg/governance.asp

Vasseur J (2010) Smart cities and urban networks. In: Vasseur J and Dunkels A (eds) *Interconnecting Smart Objects with IP: The Next Internet*. Burlington, MA: Morgan Kaufmann, pp. 360–377.

Walravens N (2012) Mobile business and the smart city: Developing a business model framework to include public design parameters for mobile city services. *Journal of Theoretical and Applied Electronic Commerce Research* 7(3): 121–135.

Washburn D, Sindhu U, Balaouras S, Dines RA, Hayes NM and Nelson LE (2010) *Helping CIOs Understand 'Smart City' Initiatives: Defining the Smart City, its Drivers, and the Role of the CIO*. Cambridge, MA: Forrester Research.

Willke H (2007) *Smart Governance: Governing the Global Knowledge Society*. New York: Campus Verlag.

Winters JV (2011) Why are smart cities growing? Who moves and who stays. *Journal of Regional Science* 51(2): 253–270.

Yigitcanlar T, Velibeyoglu K and Martinez-Fernandez C (2008) Rising knowledge cities: The role of urban knowledge precincts. *Journal of Knowledge Management* 12(5): 8–20.

其他参考文献

Barber B (2013) *If Mayors Ruled the World: Dysfunctional Nations, Rising Cities*. New Haven, CT: Yale University Press.

Bijker W, Hughes T and Pinch T (1987) *The Social Construction of Technological Systems*. Cambridge, MA: MIT Press.

Danziger JN, Dutton WH, Kling R and Kraemer KL (1982) *Computers and Politics*. New York: Columbia University Press.

Fountain JE (2001) *Building the Virtual State: Information Technology and Institutional Change*. Washington, DC: The Brookings Institute.

Inglehart R (1971) The silent revolution in Europe: Intergenerational change in post-industrial societies. *American Political Science Review* 5: 991–1017.

Landry C (2006) *The Art of City Making*. London: Routledge.

Orlikowski WJ (1992) The duality of technology: Rethinking the concept of technology in organizations. *Organization Science* 3: 398–427.

Osborne SP (2006) The new public governance? *Public Management Review* 8(3): 377–387.

Pardo TA and Gil-García JR (2005) E-government success factors: Mapping practical tools to theoretical foundations. *Government Information Quarterly* 22(2): 187–216.

Pierre J (1999) Models of urban governance: The institutional dimension of urban politics. *Urban Affairs Review* 34(3): 372–396.

Pierre J (2011) *The Politics of Urban Governance*. Basingstoke: Palgrave Macmillan.

Scharpf F (1999) *Governing Europe: Effective and Democratic?* Oxford: Oxford University Press.

Snellen ITM and Van de Donk WBHJ (1998) *Public Administration in an Information Age*. Amsterdam: IOS Press.

Torfing JB, Peters G, Pierre J and Sörensen E (2012) *Interactive Governance: Advancing the Paradigm*. Oxford: Oxford University Press.

Tranos E and Gertner D (2012) Smart networked cities? *Innovation: The European Journal of Social Science Research* 25(2): 175–190.

United Nations (2011) World urbanization prospects: The 2011 revision. Available at: http://www.un.org/en/development/desa/publications/world-urbanization-prospects-the-2011-revision.html

Weggeman J (2003) Controversiële besluitvorming. Opkomst en functioneren van groen polderoverleg. Unpublished PhD thesis, Erasmus University Rotterdam.

Winner L (1986) *The Whale and the Reactor: A Search for Limits in an Age of High Technology*. Chicago, IL: University of Chicago Press.

Governing the smart city: a review of the literature on smart urban governance

Albert Meijer
Utrecht University, The Netherlands

Manuel Pedro Rodríguez Bolívar
University of Granada, Spain

Abstract

Academic attention to smart cities and their governance is growing rapidly, but the fragmentation in approaches makes for a confusing debate. This article brings some structure to the debate by analyzing a corpus of 51 publications and mapping their variation. The analysis shows that publications differ in their emphasis on (1) smart technology, smart people or smart collaboration as the defining features of smart cities, (2) a transformative or incremental perspective on changes in urban governance, (3) better outcomes or a more open process as the legitimacy claim for smart city governance. We argue for a comprehensive perspective: smart city governance is about crafting new forms of human collaboration through the use of ICTs to obtain better outcomes and more open governance processes. Research into smart city governance could benefit from previous studies into success and failure factors for e-government and build upon sophisticated theories of socio-technical change. This article highlights that smart city governance is not a technological issue: we should study smart city governance as a complex process of institutional change and acknowledge the political nature of appealing visions of socio-technical governance.

Points for practitioners

The study provides practitioners with an in-depth understanding of current debates about smart city governance. The article highlights that governing a smart city is about crafting new forms of human collaboration through the use of information and communication technologies. City managers should realize that technology by itself will not make a city smarter: building a smart city requires a political understanding of technology, a process approach to manage the emerging smart city and a focus on both economic gains and other public values.

Keywords
collaborative governance, e-government, smart city, urban governance